オヴェ・コースゴー
清水満 訳

N.F.S. Grundtvig
政治思想家としてのグルントヴィ

新評論

日本語版への序文

「私の名前は内村鑑三です。日本人で、武士の息子、無教会派のクリスチャンです。職業は、著作家、雑誌編集者、聖書の教師です」

グルントヴィについての本書の序文を、内村鑑三の自己紹介ではじめてみた。その理由、それはグルントヴィを日本に紹介したのは内村鑑三だからである。彼がグルントヴィに触れたのは、一九一一年、デンマークについて書いた記事（『デンマルク国の話』）のなかでのことである。

内村鑑三がデンマークに魅了された理由は、一八六四年にデンマークがプロイセンとオーストリア連合軍との戦争で敗北し、スレースヴィ公国とホルステン公国を失ったにもかかわらず、その悲惨な状況を乗り越えたからである。彼は教育と自覚の昂揚との重要性を指摘して、グルントヴィを文化的・教育的・社会的運動の精神的指導者と見なした。これらの運動は、まさしくデンマークの近代化を導く中心となったものだ。要するに、内村鑑三はデンマークを政治的・文化的な理想の国と考えたのである。

それでは、そもそもグルントヴィとはどんな人物なのだろうか。内村鑑三に使った自己紹介用テンプレートを再度使うならば、以下のようになる。

「私の名前は、N・F・S・グルントヴィです。牧師の息子、そしてクリスチャンです。職業は、著作家、雑誌編集者、教育者、翻訳者、賛美歌作詞家、詩人、歴史家そして政治家です」

これまで長い間にわたって、グルントヴィといえば「教育」についての著作が外国（西はアメリカ、東は日本まで）で関心を集めていた。本書の翻訳者である清水満博士も、日本においてグルントヴィのこの側面を知らしめることに貢献してきた。たとえば、グルントヴィのホイスコーレ運動の伝統に注目し、私と共同編集した『デンマークに生まれたフリースクール、フォルケホイスコーレの世界、グルントヴィと民衆の大学』（新評論、一九九三年）[1]などが挙げられる。

しかし、本書はグルントヴィを政治思想家として捉えたものである。また、彼の政治思想と国民のアイデンティティについての論考は、『国民の形成――N・F・S・グルントヴィと国民のアイデンティティ（Building the Nation, N.F.S. Grundtvig and the National Identity）』（McGill-Queen's Univercity Press 2014）』というタイトルで最近公刊された書物でも扱われており、私以外にも、フランシス・フクヤマ、アンソニー・D・スミスなどが寄稿している。こちらも参照していただきたい。

清水満氏が本書を日本語に訳そうといってくださったことは、私にとってはとても名誉なことであり、大きな喜びとなった。翻訳の労だけではなく、過去二五年にわたる長い付き合いに対しても感謝の思いでいっぱいである。

二〇一五年九月

オヴェ・コースゴー

（1）これは初版である。現在は『改訂新版　生のための学校』（新評論、一九九六年）となり、オヴェ・コースゴー担当の箇所をデンマークのフリースクール、エフタースクール取材記に換えたために清水満の単独書となっている。フォルケホイスコーレとは、デンマークの農民たちが農閑期に高等教育を学んだ全寮制の学校である。ここで農民たちは、公民教育を学び、近代デンマークを支える中心となった。現在は、一八歳以上の若者が、幅広い教養・芸術・スポーツを学ぶ青年教育、社会教育の全寮制の学校となっている。

英語版の序文

『政治思想家としてのグルントヴィ』は、DJØF出版社より、二〇一二年に「政治学古典シリーズ」の一冊として公刊された。このシリーズは、カール・マルクス、ジョン・ロールズ、カール・シュミット、ハンナ・アーレント、ユルゲン・ハーバマスなど、著名な政治思想家たちについて書かれた簡潔な入門書のシリーズである。

N・F・S・グルントヴィを政治思想家と見なすことはあまり一般的ではないが、彼をこうした古典的な思想家の仲間に入れるのには意味がある。デンマークにおける政治的な議論において、過去一五〇年以上にわたり、そして今もまた引用される人物としてグルントヴィを超える者がいないからである。

グルントヴィは、海外においては政治思想家として知られてはいない。国際的な関心を多年にわたって集めてきたのは、彼の教育学的な著作である。オーフス大学（(Arhus Univercity）グルントヴィ研究センターは、グルントヴィの教育に関する論文の浩瀚《こうかん》な選集を新しい英語訳で発表している。エドワード・ブロードブリッジ（Edward Broadbridge）訳の『生のための学校、

N・F・S・グルントヴィの民衆教育論（The School for Life. N.F.S. Grundtvig on Education for People)』（オーフス大学出版局、二〇一一年）という本であるが、彼はまたクレイ・ウォーレン（Clay Warren）とウフェ・ヨナス（Uffe Jonas）とともにこの書の編集を行っている。

グルントヴィの「国民の統一」や政治的な思想については、『国民の形成――N・F・S・グルントヴィと国民のアイデンティティ（Building the Nation, N.F.S. Grundtvig and the National Identity)』（McGill-Queen's University Press 2014）というタイトルの［デンマーク、カナダ、アメリカの三か国による］国際出版で扱われた。この書物は、ジョン・A・ホール（John A. Hall）、オヴェ・コースゴー（Ove Korsgaard）、オヴェ・K・ペーダーセン（Ove K. Pedersen）によって編集され、フランシス・フクヤマ、アンソニー・D・スミス（Anthony D. Smith）、ジョン・L・キャンベル（John L. Campbell）らが寄稿している。また、この本では、J・G・フィヒテ、J＝J・ルソー、アダム・スミスといった政治思想家との比較もなされている。

二〇一四年二月

オヴェ・コースゴー

本書に関係するデンマークの地名

グルントヴィ関連年表

年	事　柄
1783年9月8日	ウズビュ教区に生まれる。
1792～98年	ユラン教区で学ぶ。
1798～1800年	オーフスのラテン語学校に通う。
1800年	コペンハーゲン大学に在学。
1802～03年	ヘンリク・ステフェンスの講義を聞く。
1803年	コペンハーゲン大学神学部卒業。
1805～07年	ランゲランのエゲリケで家庭教師。
1808～10年	コペンハーゲンで研究と家庭教師をする。
1811～12年	ウズビュ教区で牧師補。
1813～21年	コペンハーゲンで執筆に専念。
1821～22年	プレステで牧師。
1822～26年	コペンハーゲンの救世主教会の牧師。
1826年	説教を断念。
1826～38年	検閲下に置かれる。
1829～31年	イギリスへ旅行。
1831年	コペンハーゲンのフレゼリク教会の説教師に応募。
1832～39年	フレゼリク教会の無給説教師。
1839～72年	ヴァートフ教会牧師。
1848～49年	憲法制定議会委員。
1849～52年	下院議員。
1853～58年	下院議員。
1866年	上院議員。
1872年9月2日	コペンハーゲンで死去。

もくじ

凡例

・本書は、Ove Korsgaard : N.F.S.Grundtvig —— as a Political Thinker, DJØF Publishing, Copenhagen, 2014 の訳である。これは、Ove Korsgaard : N.F.S.Grundtvig, Jurist-og Økonomforbundets Forlag, København, 2012 の英語版である。英語版は外国人に向けた増補がなされており、著者の指示にしたがって、英語版をテキストとした。

・第2部のグルントヴィのテキストは、デンマーク語版にあるグルントヴィ自身のテキストから直接翻訳した。それゆえ、英語版のグルントヴィのテキストの英訳と少し表現が異なる場合がある。重訳で文意が変わるのを避けるためである。なるべく英訳者の解釈に沿うように努力したが、解釈の違うところもある。

・読みやすくするために改行を増やした。それゆえ段落は原典とは一致しない。

・グルントヴィのテキストも含めて英語版のイタリックには傍点を付けた。

・（…………）は原典の省略箇所を示す。

・［　］は訳者による補足である。

・原注で引用出典とされているのは、デンマーク語訳の書物になる。邦訳があるものは可能なかぎり該当ページ数を付記した。ただし、引用文は英語版テキストに従った。

・人名は巻末に人名索引を付け、簡単な説明も付した。本文を読む際、該当名にあたって参照されたい。

・地名については地図を参照されたい。

・人名、デンマークの歴史的な事項については以下の書物を参考にした。

Den Store Danske Encyklopædi, Gyldendal, 1994-2001.

Danmarkshistorien i 17 bind, Gyldendal, 2002-2005.

Palle Lauring, A History of Denmark, Hørst & Søn, 1995.

橋本淳編『デンマークの歴史』創元社、一九九九年。

岩波書店辞典編集部編『岩波世界人名大辞典』岩波書店、二〇一三年。

政治思想家としてのグルントヴィ

第1部

政治思想家としてのグルントヴィ

ウジェーヌ・ドラクロワの絵画『民衆を導く自由の女神』（一八三〇年）は、その年のパリ蜂起に刺激を受けて描かれた。鑑賞者がこの絵を見れば、革命が疑いなく粗野で血生臭い事件であることがわかるが、絵は民衆を勝利に導く圧倒的なパワーも示している。三色旗を掲げて進む女性は歴史本来のプロセスがダイナミックに進む様を描写する。

　同じような意味で、グルントヴィは自由を求める民衆の戦いの象徴となった。だが、グルントヴィのヴィジョンは、歴史の進行では暴力的な革命を避け、「民衆の時代」を導く方法として民衆の教育を使う点でフランスでの革命と決定的に違っている。

第1章
グルントヴィの影響と関連性

ニコライ・フレゼリク・セヴェリン・グルントヴィ（一七八三〜一八七二）は、デンマークの国民形成、英語でいえば「nation building《ネーション・ビルディング》」として知られるプロセスにおいて、最大級に重要な人物であると正当に見なされている。このことを論じるにあたり、私は二つの主張をしたい。それは、その後の展開で「赤い糸」として導くはずだ。

第一の主張は、国民の形成は創造と構成の二つを含む一つのプロセスであるということ。

第二の主張は、デンマークの国民形成は、グルントヴィの生きた時代に起こり、まさにグルントヴィ自身によってその基礎が置かれたということである。

著書『世界における人間（Om Mennesket i Verden）』（一八〇七年）で、グルントヴィは自分が生まれた社会秩序を扱い、血縁としての「家族」が歴史的なカテゴリーであることを指摘している。社会構成体における基礎的要素としての「家族」が、それ自体かなり長く存続してきたものとはグルントヴィは考えなかった。それどころか、時が経てば「家族」がなくなると確信していた。

それでも彼は、この家族解体のプロセスに関与することは拒否する(原注１)。

「歴史を通じて、この結び目がどこでほどけるか私はよくわかる。すなわち、両親と子どもを結び付ける紐帯《ちゅうたい》がなくなるところなのである。この紐帯は目に見えるが、私はそれらをほどくことができない。たとえできたとしても、そうしようという気にはならない。というのも、それらの紐帯は家族のなかでもっとも華奢な場所であり、おそらく検証に耐えて存続はできないだろうからである。血縁関係と社会的身分の社会が大なり小なり時代遅れであったにせよ、それはまだ死んではいないのだ」

実際のところは、グルントヴィはこの問題に干渉しないという彼の誓いを守れなかった。というのも、「国民」という身体に参加するために多数の者たちが「家族体」「家系体」を離れたが、グルントヴィは彼らにとってある種の精神的な案内人になったからである。

「国民」と「人民」という概念がまだリンクしていない社会にグルントヴィは生まれた。この二つがつながるのは、ようやくフランス革命のあとになってからだ(原注２)。『古デンマーク語辞典――一三〇〇年～一七〇〇年（Ordbog over Det ældre danske Sprog）』では、「人々（民衆・folk）」は家族の概念である。すなわち、「私の人々（同胞）、そして私の父の家。それは父、家族、母からなる。私の最初の血縁、私の偉大な祖父、家族の創始者」とある。

『古ノルド語辞典（Ordbog over Det gamle norske Sprog）』でも似たような語義が示されている。というのも、この本で「人々（同胞）」は、「親族、ある家族あるいは家系に属する人々」と定義されているからである。それゆえ、「人々」はヘルダーやルソーの概念よりもはるかに深いルーツをもつことになる。この違いはたしかに重要なものである。血縁あるいは家族としての「人々（同胞）」から政治的かつ文化的な統治体としての「人々（民衆）」への移行は、ヨーロッパの歴史においては大きな転回点をなすものである。

　デンマークにおいて、グルントヴィの名前は「国民形成者」としてある程度は知られている。しかし、他の国々でグルントヴィに匹敵する人を見いだすのは難しい。他国の人物と比べる場合、国家を形成する際に大きな役割を演じた政治家あるいは政治思想家を、アメリカ合衆国、カナダ、あるいはフランスやイギリスで見つけ出すことは難しくはない。また、東欧や中欧、ドイツやアイルランドで国民の統一の形成に大きな力があった詩人や作家、聖職者や作曲家を見つけるのもたやすいことである。しかし、この二つの領域にまたがって傑出したレベルだった人物を見いだすことは困難である。グルントヴィに近い人物を挙げるとすれば、おそらくノルウェーのビョルンソン、インドのタゴールがあてはまるだろう。両者のもつ重要性は、グルントヴィがデンマークでもっている役割と似た特徴を有している。

現代の古典的な政治思想家、たとえばロールズ、ハーバマス、アーレントらと比べると、グルントヴィは二つの点で際だって異なっている。

一つは、彼は政治のいかなる体系的な理論も残していないということだ。グルントヴィが自分の政治理論を発展させたのは、教育と社会の哲学に関する数かぎりない著作物、そして作詞した歌詞のなかであった。それらを見れば、彼の思想をもっとも特徴づける言明を見いだすことができる。たとえば、「はるかに高い山々」という詩のしばしば引用される言葉、「こうしてわれわれは豊かになった。豊かすぎる者は少なく、貧しすぎる者はさらに少なく」がそうである。

二つ目は、グルントヴィは理論家だけにとどまらなかったということだ。グルントヴィは政治的にも行動したがゆえに、政治的な考えの大半はデンマーク国会の上院と下院の演壇でつくられたといってよい。

このような違いがある一方で、グルントヴィとロールズ、ハーバマス、アーレントらには、規範的な政治的問題の領域への関心という点で非常に近い点が認められる。これらの問題には、エスニックな問題とその基礎づけも含まれている。

グルントヴィの生涯と社会への影響について書かれたこれまでのすべての著作を検討してみると、政治思想家および活動的な政治家としてのグルントヴィの貢献については、著しく限定された扱いになっている。ポウル・マイヤーの『政治――政治学の基礎（Politik—Statskundskab i grundtræk）』（一九五九年）ではグルントヴィの名前はまったく消えてしまっており、その後の版のテキストにも出てこない。同様に、三人の優れたデンマークの神学者であるハル・コック、P・G・リンハルト、そしてカイ・タニングは、それぞれ一九五九年、一九六一年、一九七一年にグルントヴィの伝記を著しているが、グルントヴィの政治活動の側面を完璧に無視しているか、あるいは大まかに扱っているだけである。このような事実も、この事態をよく示している。

政治学者も政治家もグルントヴィの政治理論と活動をまじめに取り扱っていないという事実にもかかわらず、過去一六〇年において、グルントヴィはもっとも多く言及されたデンマークの政治家の一人であることはまちがいない。一連の指導的な政治家たちは、グルントヴィを引用するだけではなく、グルントヴィの社会哲学を規範として多くのインスピレーションを受け取ってきたのである。

だとすれば、グルントヴィがほとんど完全に政治理論の分野から無視されてきたにもかかわらず、今日まで多くの指導的な政治家たちにとっては、政治的な立場を問わず、グルントヴィが欠かせぬ人物であったというパラドックスをどのように説明すればよいのだろうか。おそらくその理由は、政治的な学問が官僚たちの専門領域であるからだろう。官僚たちは規範的な問題にはかかわらないが、政治家たちはかかわりを強いられるからである。

グルントヴィの略伝

ニコライ・フレゼリク・セヴェリン・グルントヴィ（フレゼリクと呼ばれた）は、生き残った五人の末っ子として、一七八三年九月八日にウズビュ（Udby）村（コペンハーゲンから南に八五キロの村）に生まれた。父のヨハン・グルントヴィは一七七六年からウズビュの牧師で、そこで一八一三年に死ぬまでルター派敬虔主義教会の立場で説教を行った。

グルントヴィの母のマリー・バンは、意志の強い女性で実際的なことに長けていた。彼女の家系は、有名なヴァイキングの戦士であるスカルム・ヴィデにまで遡ることができる。牧師館で個人的に学んだのち、フレゼリクは九歳のときにユランに送られ、家族の友人の援助を受けてオーフスのグラマースクール[1]に入る準備をした。学問的に次々と成功を収め、一八〇三年にコペンハーゲン大学神学部を最高位で卒業している。

一八〇五年から一八〇八年は、コンスタンス・スティーンセン＝リトの息子カール（Carl）の家庭教師として働いた。ここでグルントヴィは、この荘園領主夫人に対してほとんど押さえきれない恋愛感情をもってしまった。この［許されない］感情を昇華するために、彼は北欧神話と同時代のドイツ文学と美学研究に没頭した。

その努力は一八〇八年に『北欧神話（Nordens Mytologi）』の公刊となって結実したが、この本によってグルントヴィはコペンハーゲンの言論界に知られるようになった。しかし、年老いた父が彼を教区の副牧師として故郷のウズビュに呼び戻したとき、コペンハーゲンでの文学的なキャリアを積むか、それとも田舎で家庭の義務に従うかの板挟みで大いに悩み、その結果、実存的な危機に陥り、生涯最初の神経衰弱にまでなってしまった。

結局、彼は父を助けることを選び、父が亡くなった一八一三年に彼はコペンハーゲンに移って、ときどきは説教者として働いて糊口《ここう》をしのいだ。しかし、激しやすい性格のために聖職が空いてもそれに就くのは難しかった。牧師を辞めてから約一〇年もの間、論壇ではグルントヴィは周縁の人物にすぎなかった。その間は、国王からのわずかな助成金（だいぶあとにはコペンハーゲンの聖職禄）で支えられるという生活であった。

研究に戻ってからは、さらに幅広いジャンルの書物を読み、また執筆し、生の新しい哲学を発展させていった。この哲学は、一八二四年の傑作「新年―新しい朝（Nyår－Morgen）」によく表されている。この長い詩は、グルントヴィ自身のこれまでの生についての思索としてだけではなく、自分自身を理解しようという強い意志、そして神話とキリスト教の双方を含む首尾一貫し

（1）ラテン語学校のこと。当時大学に入るためにはラテン語学校を修了しなければならなかった。

た生の哲学に対する力強い意志の表明として読むことができる。

　早熟にもグルントヴィは、自分のなかでまったく新しい時代をもたらしたと感じつつ、詩では自らを「小さなルター」と呼んでいる。すなわち、まったく新しい時代をもたらす預言者を自己のうちに見ているのである。

　一八二八年に彼は『教会からの返答（Kirkens Genmæle）』という本を出版した。この本は、教会史の大著を著したクラウセン教授に対して辛辣な批判をしたものである。このため、クラウセンはグルントヴィに対して名誉毀損の裁判を起こし、これに勝訴した。この裁判で負けたことによってグルントヴィは生涯にわたり著作の検閲を受けるようになり、さらに説教師としての職務を断念せざるを得なくなった。ありがたいことに、国王からはさらに助成金がもらえることになり、一八二九年、一八三〇年、一八三一年の夏から秋に、三度にわたるイギリスへの研究旅行をしている。この研究旅行は、彼の人間の生と社会、教育に対する見方に決定的な影響を及ぼすものとなった。

　グルントヴィは、ヴァイキングの精神がイギリスには生き続けていると思った。ここで目撃した実用的なエネルギーに驚かされたわけだが、それだけではなく、産業文明の否定的な結果にも失望させられた。こうした経験が、前述した、彼のなかではもっとも独創的な著作『北欧神話』（一八三二年版）に著された。ここでのグルントヴィの主張は、新しい社会は共通の信仰にもとづいてつくられるべきではなく、共通の歴史、共通の言語をもったデンマークの市民であるという共通の経験にもとづいてつくられるべきである、というものであった。グルントヴィはいう。

「まず人間であり、その次にキリスト者である」

この著作にはまた、あらゆる民衆の自由を守る彼の有名な言葉がある。

「トールだけでなく、ロキにも自由を」

この規範的な著作にフォルケホイスコーレ運動はもとづいている。

一八三五年の晩夏、グルントヴィはデンマークの賛美歌を改訂するという記念碑的な仕事に取り組みはじめた。『デンマーク教会のための賛美歌集（Sang-værk til Den danske Kirke）』の第一巻は、王室の九〇〇周年記念の年である一八三六年に出版され、そのなかにはグルントヴィ自身の手になる賛美歌が多く掲載されている。

一八三七年に彼は検閲から解放され、一八三八年には公開の連続講義を行っている。そのテーマはヨーロッパ的な視野から見たデンマークの過去五〇年の歴史についてであった。この連続講義が大成功を収めたので、一八四四年から一八四五年にかけては、ギリシャ神話と北欧神話についての公開講義が引き続いて行われた。

一八三九年、グルントヴィはコペンハーゲンの中心部にあるヴァートフ（Vartov）教会[2]の牧師になった。ここは彼の支援者たちの集まる場所となったが、そのなかには王室も含まれていた。

ヴァートフ正面（上）とヴァートフ教会の中

一八七二年に八八歳で亡くなるまでグルントヴィは、支持者たちによって一種の教祖的な人物にまで祭り上げられた。

長命だったがゆえに、家庭生活においても大きな変化があった。一八一八年にグルントヴィはリーセ・ブリガーと結婚し、一八二〇年代に、ヨハン（Johan）、スヴェン（Sven）、メータ（Meta）という三人の子どもをもった。一八五一年にリーセが亡くなったあと、同じ年に三〇歳も若い未亡人マリー・トフトと結婚したが、これはさすがにコペンハーゲンの支持者たちの間でも大きな憤激を引き起こした。

マリーは息子フレゼリク（Frederik）を産んだあと、一八五四年に亡くなった。そして、一八五八年にグルントヴィは裕福な伯爵未亡人であるエスタ・レッツと三度目の結婚をしたが、彼女はグルントヴィよりも四三歳も若かった。二年後の一八六〇年、グルントヴィ七六歳のとき、最後の子どもとなる娘エスタ（Asta）の父となった。

グルントヴィはその長い生涯を通して、ほとんど伝説的な人物となった。デンマークで、民衆、

（2）　コペンハーゲン中心部、市役所の隣にあるグルントヴィ派の自由教会。一八三九年以降、死ぬまでグルントヴィはここの牧師を務めた。ここには教会だけではなく、グルントヴィ・フォーラム、グルントヴィ図書館、グルントヴィ研究センター、エフタースクール協会事務局など、グルントヴィ・ムーブメントのさまざまな組織の本部が置かれている。キェルケゴール研究センターも移転してきて、デンマークの二大巨人の研究中心地でもある。

国民、民主主義、自由、教会、そして学校といったテーマで議論するときには、彼は欠かすことのできない人物である。そして、グルントヴィをどのように解釈するかは、一八七二年の彼の死後以降、ずっと論争の場となってきたのである。

「議会の問題については、すべて私はイギリスのことを考えている」

この書物が焦点をあてるのは、グルントヴィの政治的な活動とその思想である。彼の政治への関心は一八二〇年代の後半に本格的に生じたわけだが、それには以下に挙げる三つの要因がある。

❶彼が一八二六年に有罪判決を受け、生涯にわたる検閲を科されたことである。すなわち、彼のすべての著作は、最初に警察によって検査されなければならなかった。

❷同時代の新しい宗教運動、すなわち「信者の集会」といわれたものに対する権力側の過酷な対応に彼は挑発され、それに抵抗したこと。

❸当時のイギリスの新聞〈ウェストミンスター・レビュー〉（Westminster Review・一八二四年～一八二七年）と〈エジンバラ・レビュー〉（Edinburgh Review・一八二〇年～一八二七年）を読んで、大きな刺激を受けたことである。この時代にグルントヴィは、教会と学校について

イギリスのリベラルな考えに出合った。

グルントヴィはこれらの考えをイギリスへの三度にわたる長い旅（一八二九年、一八三〇年、一八三一年）で突き詰め、この旅を通して先進的な社会のあり方を知った。産業化による負の側面に嫌悪感も覚えたが、イギリスで対面した力とエネルギーへの熱狂でそれは相殺された。この熱狂を彼は、「ボクシングと蒸気」という語句で表現している。

グルントヴィが実際にボクシングの試合を見たかどうかはわからないが、彼は蒸気機関の力強さについて、熱気を込めて書いている。実際に工場で目のあたりにし、個人的にもイギリスの鉄道に乗って蒸気機関を体験したのである。こうして先進的な社会に出合うことにより、経済、政治、教育、教会、霊的な生の自由というリベラルな考えの重要性をますます鋭く理解するようになっていった。

グルントヴィを思想史のなかに位置づけることは難しい。彼は、イギリスのリベラリズムとドイツの観念論の両方に啓発されている。影響を受けたドイツの哲学者は、ヘルダー、フィヒテ、そしてヘーゲルであるが、同様に影響がはっきりしているイギリスの思想家にロック、アダム・スミス、ジョン・スチュワート・ミルがいる。そして、イギリスのリベラリズムも彼にインパクトを与えた。だが、政治思想という点では、やはりイギリスが彼の一番大きな刺激ということになろう。

一八三九年、グルントヴィは教会の自由についての講演で「議会の問題については、すべて私はイギリスのことを考えている」と述べた。また、一八五五年には、デンマーク議会の演壇から同じ内容をより強調して以下のように語っている。

「なぜ、そんなにも私がイギリスに入れ込んでいるのかという質問への答えをいいましょう。この議会のみなさんと私が一致しないもっとも大きな理由は、政治的な素養を私がフランスで学んだ、あるいはフランスから受けたのではなく、イギリスで、そしてイギリスから学んだからということです」

グルントヴィが政治的な活動に入る背景となったものは、イギリスの影響だけではない。ヨーロッパとデンマークにおける時代の変化も大きな影響を与えた。ヨーロッパの主要な国々の政治的な事件、とくに一八三〇年のパリの六月革命は大きな役割を果たした。リベラリズム、ナショナリズム、民主的な考えがさまざまな国々で巻き起こり、デンマークにも到達した。

デンマークでは、一八三〇年にスレースヴィ（Slesvig）とホルステン（Holsten）の二つの公国で自由憲法を求める建白書が発行された。そして、一八三一年にはデンマークに顧問会議（身分制地方議会・rådgivende stænderforsamlinger）を設立する法案が通り、これがグルントヴィの政治と教育についての思想を発展させることになった。こうした新しい民主主義を準備する制度があれば、国益にかない、教育のより良い機会を国民に得させるようになるだろうとグルントヴィは徐々に考えるようになった。このなかに含まれたものが、新しい形式の高等教育機関であり、民衆の言葉にもとづく民衆の高等教育学校「フォルケホイスコーレ」[3]である。

グルントヴィは革命的な思想をつくりあげた。すなわち、民衆の言葉を通して人は啓発され、教養ある人物になることができるという考えである。グルントヴィはヘルダーからこの理想を喚起され、彼は同時代のアカデミックな学校に対して長きにわたり激しく批判するようになった。これらの学校は、いうなれば、よいキャリアと教育のための「入場券」としてラテン語を要求していたからである。ラテン語学校に通うことはごく少数の人間にかぎられていただけに、ラテン語を学ぶことは、必然的に「教育を受けたエリート」と「一般の大衆」との大きな格差につながるものだった。

自ら書いているように、グルントヴィは「教育を受けた人々の文化と民衆の文化をリンクさせる」ことを試みた。彼の教育に関する著作の大部分が一八三一年と一八四八年の間、すなわち一八三一年の顧問会議の設立声明と一八四八〜一八四九年に起きた政治体制の民主主義への変革の間に書かれていることには大きな意味がある。

---

(3)　日本語版への序文注(1)を参照のこと。フォルケホイスコーレについての詳細は、拙著『生のための学校』（新評論、一九九六年）を参照されたい。

一八四八年三月二一日に起きた民主主義を求める王宮までの民衆のデモ行進[4]にグルントヴィは参加こそしなかったものの、新しい憲法を起草する会議のメンバーになることは切望した。国政選挙では、彼はコペンハーゲンのニュボア（Nyboder）地区で議席を得ることができなかったが、のちにプレステ（Præstø・シェラン島南部の都市）選挙区の選挙では選ばれている。

憲法制定議会において、彼はほとんど自分の発言を抑制することができなかった。彼はもっともたくさん演説した者の一人であり、二〇〇回以上も演壇に立ってあらゆる種類の主題を論じた。若干の中断のあと、一八四九年から一八五八年まで彼は国会議員であった。この間、三つの異なった選挙区で候補となっ

デンマーク国会（Folketing）

て選ばれている。一八四九年はプレステ、一八五三年はスケルスケ（Skælskør・シェラン島西南部の都市）、一八五五年はケァタミンネ（Kerteminde・オーゼンセに近いフュン島東部の都市）で選ばれ、一八五八年六月一四日の選挙までケァタミンネの選挙区にとどまった。

その後、七五歳で一度は政界を引退したグルントヴィだが、一八六四年に憲法が改定されるようになると政治活動を再開した。一八六六年、彼は東ユラン（Østjylland）地方選挙区で立候補し（5）、当選したときにはすでに八二歳となっていた（原注3）。

グルントヴィの意見や観点が、互いに矛盾することが多いと受け取られる方もいるだろう。その理由は、彼の長い人生の間、ヨーロッパの歴史のなかでもっとも大きな変革の一つを経験するだけではなく、それに貢献したという点にある。具体的には、イギリスの産業革命、フランス革命、そしてドイツロマン主義といった歴史の事件で表すことのできる変革である。

（4）独立した憲法を求め、ドイツ連邦への帰属を求めるスレースヴィ・ホルステンの民族運動でデンマーク国内が騒然となるなか、コペンハーゲンの自由主義ブルジョア階級を代表するナショナル・リベラルが中心となり、フレゼリク七世のいる王宮に向かって、一八四八年三月二〇日、一万五〇〇〇人あまりの市民がデモ行進をし、フランス二月革命などのヨーロッパの変動に応じて新しい自由憲法を国王に要求した。フレゼリク七世はその要求を認め、ここに絶対王政から立憲君主制へと無血の革命が成功した。

（5）それまでは下院（フォルケティン）議員であったが、このときは上院（ランズティン）の議員となった。

今日、われわれは、国民国家、民主主義、そして憲法体制をあらゆる政治理論の基礎と見なしているわけだが、これらはグルントヴィの時代にはあてはまらなかった。というのも、これらはグルントヴィが生まれて死ぬまでの間に確立されたものであるからだ。彼の生きた時代において、デンマークの国家体制と政治は、君主国家から国民国家へ、絶対主義から民主主義へと変化していったのである。

一九八九年に鉄のカーテンが破れ、共産主義体制が崩壊したことで政治を考える者たちが新しい問題に立ち向かわねばならなくなったように、ある国家と統治体制が別のものに変革されることでグルントヴィは同じ対応を迫られたのである。すなわち、自分の人生のなかで、若い頃につくりあげた考えの多くを見直さなければならなかったということである。そして、国民形成が彼の政治理論の核を構成するものであり、これが彼の傾注したものである。

以下の論述では、私はこの点に焦点を絞りたいと思っている。あれこれと彼が自分の考えを変えたことには触れまい。

一六〇〇年頃のこの絵では、空にある神が、王には笏、聖職者には本、貴族には剣、農民には穀竿を与えている。これは、王国に属する四つの身分の仕事の区分と階級を示すものである。グルントヴィはこうした身分階級という考え方を激しく攻撃し、「カースト制度」と呼んだ。

これとは好対照に、一六六一年、デンマークに絶対王政が導入されたことを彼は誇りに思っていた。国王と諸身分の間に結ばれた契約によって、諸身分は絶対的主権としての国王とその後継者への敬意を表明した。デンマーク、ノルウェー、アイスランド、フェロー諸島の二二〇〇人の貴族、聖職者、市民、農民たちは統治にかんする法に署名をしたが、このことは憲法の歴史において類を見ないことである。国王が絶対王政を行うために民衆の法的な承認が必要とされるヨーロッパで唯一の国、それがデンマークである。

第**2**章　身分の時代から民衆の時代へ

民衆対民主主義

　グルントヴィにとって政治哲学の頂点をなすのは、絶対王政と議会制民主主義の対立ではなく、むしろ王国の大土地所有者と民衆との対立だった。それゆえ、デンマークの国民形成に対するグルントヴィの貢献を理解するためには、それらの概念的な基礎と構成の輪郭を示さなければならない。

　グルントヴィが生きた時代の社会は身分社会であり、国王はこのピラミッドの頂点に位置していた。国王の下には四つの身分があり、それぞれ固有の機能、特殊な権利、特殊な義務があった。社会はまだ、中世の思考、すなわち階級と身分の区別は神によって与えられた秩序と見る考えに従っていた。

カトリックの時代は第一身分が聖職者であった。魂を救済するにあたり、教会が欠かすことのできない仲介者と見なされたからである。第二身分は貴族あるいは大土地所有者であった。彼らの目的は領地を守ることである。この二つの身分は自分たちの特権を享受し、自らは自由であると考えていた。そして、第三身分が市民で、第四身分が農民であったが、彼らは前二者とは反対に「不自由で下賤な生まれ」と見られていた。市民の仕事は商売をすることで、農民は土地を耕すこととされていた。

一五三六年の改革で聖職者はその特権を失い[1]、貴族だけが唯一の「自由な」身分として残された。結果的に、その後も一〇〇年以上にわたって社会のなかでは貴族がもっとも優勢を誇ったので、歴史家たちのなかには「絶対貴族の時代」と語る者もいるほどである。

彼らの特権は、戴冠憲章（即位憲章）のなかで以下のように定められた。

•貴族身分のみが王国顧問会議（rigsraad）に議席をもつことができる。

•全国民を代表して活動できると見なされる高貴な身分の者、二〇人の会議が国王の権力を監督し、新たな課税、戦争の宣言などの重要な決定事項に同意を与える。

•貴族階級は、地方の荘園監督の任命権を独占した。

彼らの仕事は王室を監督し、統治の問題、軍の問題の双方で最高権威をもつ者として行動することであった。土地所有者は、自らの土地では警察官でもあったので人々を逮捕することができた。また、いったん判決が下されると処罰も行った。それゆえ、農民たちから見ると、土地所有者は高貴な身分の人間であるだけではなく、公的な権威ということも意味した。

「身分社会」では家族形態が中心的な制度であり、実際、社会は家族にもとづいて構成されていた。家族形態は、どれも家長と多数の家族の成員をもつ。「父」と「人々（成員、民衆・folk）」は双子の概念である。家族の成員がいなければ父は存在しないし、父がいなければ家族の成員もいない。

グルントヴィが生まれ落ちた社会では、「人々（民衆・folk）」という語はまず四番目の身分、つまり農民、村人、下僕を表すものとして使われていた。「人々（民衆）」という言葉が、四つの身分すべてをカバーして使われることは一般的ではなかった。その時代、デンマーク語の「folk」はあらゆる種類の民衆に使われていた。søfolk（水夫）、brandfolk（消防士）、høstfolk（収穫人）、

（1）クリスチャン三世は、約二年に及んだクリストファ伯爵との内乱に勝利し、一五三六年、コペンハーゲンに入城すると、カトリックの司教たちを逮捕したのちルター派キリスト教を国教として定め、デンマークの宗教改革を確立した。このとき、カトリックの聖職者たちが失脚せざるをえなかった。それまでデンマークは貴族、聖職者の力が強かったが、この政変で国王の力が強まった。しかし、貴族による国王の承認という選挙王制は継続された。

hoffolk（宮廷人）などである。しかし、「det danske folk（デンマークの民衆）」という使い方はめったになかった。

身分の区分が非常に浸透していたので、中世の終わりにデンマーク語がラテン語に取って代わったとき、住民全体を示す名称が存在しなかった。だから、デンマーク国王が自分の臣民に対して「みなの者」と呼び掛けるとき、それは「デンマークの民衆」としてではなく「身分」として語っていた。たとえば、一四六六年の北ユラン布告では、以下の定文は身分の意味で使われている。

「司教、修道院長、一般聖職者、騎士、職人、商人、農民、そしてユランの一般の［身分にある］人々（原注1）」

一八世紀の愛国心の時代になるまで、身分の概念は「国民」の概念によって脅かされることはなかった。歴史家ラウリッツ・エンゲルストフトはこうした愛国心の代表的人物で、グルントヴィに本質的な啓発を与えた人である。一八〇八年に著された彼の代表作『国民教育の考察（*Tanker om Nationalopdragelsen*）』で、彼は「国民（nation）」概念の新しい理解が進行中であることを指摘した。

「あらゆる階級に対して、偏見のない公平さをもって名誉の殿堂を開いたのは、ある意味ではイギリスが最初で、長いこと唯一の国民であった（原注2）」

国民についてのこの包括的な概念は、徐々にデンマークを含むイギリス以外の国々でも根づくようになり、エンゲルストフトによれば、そういう国々では社会の結合を強化するのに寄与したとされる。身分の特権が失われるに応じて、「その分だけ社会の内的な強度が増した（原注3）」ということである。

一九世紀初期のナショナルなロマン主義がやって来ると、民衆の概念は有機体として理解された。共通の言語、共通の歴史、共通の文化によって結びつけられたものになった。身分はその土台を失い、民衆の概念が取って代わった。グルントヴィが主要なリーダーになったのはこのときである。議会で、一八四九年にデンマーク憲法が決定されたときにグルントヴィは次のように宣言した。

「身分の時代は終わった。今や、民衆の時代がはじまる」

そして、民衆の時代は、国民形成を開始するために民衆の教育を要求したのだ。

デンマーク下院

「身分制度から万人の平等な関係へ」

　自らが編集人となった雑誌〈デンマーク人（Danskeren）〉（一八四八年～一八五一年刊行）で、グルントヴィは次から次に記事を書き、一般民衆を依然として身分だけで見ることを容赦なく批判し続けた。民衆は、「他の身分のために飼い慣らされた家畜のように存在する」ように見えたのである。本質的に彼が望んだことは、身分の上下をひっくり返して、農民を国民の核として設定することであった。

「われわれの身分の最下層を上位に引き上げることで、文字どおり、農民を荘園領主の上に置くのだ」

　この表現はグルントヴィにとっては意に沿わないものであったかもしれないが、もはや後戻りのできない時代の趨勢を示している。彼の考えでは、この移行は以下の変化で特色づけられる。

「隷従から自由へ、階級制度から万人の平等へ、全体の必要と共通善とかかわらなければならないものはすべて秘密から公開へ」

　かくして、言論と表現の自由並びにその公開性は、グルントヴィの政治哲学の枢軸点になった。身分の時代から民衆の時代への変革が意味することは、教育も今や個人と社会との関係のなかでこれまで以上に重要な役割を演じなければならないということだ。かつては教会が国家と密接な関係をもっていたが、今では社会の中心に登場するのは学校である。グルントヴィは、出版されなかった書物『国家の啓蒙（Statsmæssig Oplysning）』（一八三四年）で次のように書いている。学校教育の促進はいかなる政府にとっても、「国家の最重要の課題である。なぜなら、国家の安定は現在も将来もこれにかかっているからである」。

グルントヴィは学校という概念を広い意味で使っており、そのかぎりで彼の時代を「学校の時代」と呼んでいる。

ここから「個人の時代」が生じる。古代や中世と比べると、学校の時代は個々人をどの時代よりも中心的なものと見る。この変革によって、喜ばしい可能性と危険な帰結の双方が生じることになる。一七八九年のフランス革命では、後者がいかに危険なものであるかが示された。自由を求める個人の希求は、国家による共通善[2]の保護とぶつかることが避けられなかった。自由への希求は個人を社会生活から切り離し、自分自身の主人となすことができる。それゆえ、個人を民衆および全人類に結びつけていた基礎的な構造を破壊してしまったのである。

フランス革命の経験、すなわち個人の自由が、社会のもつ共通善の本質的な意義を掘り崩すか

（2）アリストテレスに由来する公共体、国家の成員に共通する合意された価値、目的のことをいう。

もしれないという危険性があったにもかかわらず、グルントヴィは自由を以前よりもはるかに多く論じた。社会の一員であることは、共通善に対する責任を背負うことを含み、個人の自由とは共通善の責任を担うことだと社会が認めるならば、これが一番確かであろう。

グルントヴィの社会哲学は、自由の観念のうえに構築されている。すなわち、ただ自由を通してのみ個人は自発的に制限を自分自身に課すことができるという考えである[3]。

だが、グルントヴィは個人の自由なら何でも擁護するわけではない。長い目で見れば、これは社会の解体につながるものだろう。社会に生きる市民にとっては、無制限の自由などは存在しない。絶対の個人主義は社会の観念と相容れないものである。というのも、すべての社会は集団と個人との結びつきに依存しているからである。

社会は常に、共通善にかんする一定の基本的な合意にもとづいている。以下のように、グルントヴィも『国家の啓蒙』で強調しているとおりである。

「そのような基本的な合意を見つけ出せないところでは、いかなる市民の社会も存在しなかった。そういうところでは、ただ支配階級と奴隷階級が鋭い対立をしているだけである。彼らが共存することが国家と呼ばれたかもしれないが、われわれがここで論じているようなものでは決してない。なぜなら、そのような集団では『強者の権利』が疑いなく基本的な法になるだろうから」

では、この本質的な「基本的合意」を確立するにはどのようにすればよいのであろうか。グルントヴィ以前には、フランスの政治哲学者モンテスキューがこの基本的な問題に取り組んだ。彼は、主著『法の精神』（一七四八年）〔野田良之他訳、岩波文庫、一九八九年〕において愛を本質的なものとして導入し、社会の精神を政治的な徳として論じている。この徳は「法と祖国への愛」（原注４）として定義されることができる。

　モンテスキューと同様に、グルントヴィは愛を、国民形成につながる改革の推進力と見なした。両者の文脈では、「愛」を「隣人愛」の意味では使わず、「共通にもつものへの愛」として使っている。モンテスキューが強調したのは法と祖国であったが、グルントヴィが語ったものは「四つ葉のクローバー」、すなわち民衆、国王、母語、そして祖国であった。

グルントヴィの社会契約理論

　形式的には、デンマークの身分社会は一八四九年の民主制の登場まで続いたが、古い秩序はそ

（３）　自由意志による自己の自由の制限という考え方は、フィヒテに由来する。拙著『フィヒテの社会哲学』（九州大学出版会、二〇一三年）を参照されたい。

れ以前から解体されつつあった。この過程で重要な段階は、一六六〇年の絶対王政の導入である。[4]これは、それまでの選挙による王政から世襲の王政への変化を意味し、選ばれた国王が即位の認可状にサインをしなければならないという要求の終わりも意味する。

フレゼリク三世の認可状が破棄されたとき、それによって彼の統治の基礎が無効になった。世襲と専制の権利を国王に許可する身分議会の約定は、二二〇〇人の貴族、聖職者、市民、そして農民たちによって一六六一年に署名されたが、これに答えて国王は新しい国王世襲の法を発布した。この法は、フレゼリク自身と彼の官房長であるペーダー・シューマッカー（のちにグリフェンフェルト［Griffenfeld］と改名）によって起草された。この帰結が、一六六五年のデンマーク王国憲法である。絶対王政の原則が述べられたヨーロッパで唯一の憲法である。

政治形式としての絶対王政の理論的基礎は、イギリスの政治哲学者トマス・ホッブズによって確立された。それが彼の有名な著書『リヴァイアサン』（一六五一年）［水田洋訳、岩波文庫、一九九二年］である。ホッブズによれば、絶対政治は国王と人民との間の契約にもとづいている。ホッブズが使う「人民」の概念は「大衆（マルティチュード）[5]」の概念とは根本的に異なっている。これについて彼は、『市民論』（一六四二年）［本田裕志訳、京都大学学術出版会、二〇〇八年］で明らかにしている。

「市民の統治に至る大きな最後の障害、とくに君主制では、人民と大衆の区別が十分になされていない。人民はいわば自分の意志をもっている者であり、その者に一つの行動が帰属する。こうした性質について一切、大衆にかんしては語りえない（原注５）」

　この点では、グルントヴィはホッブズに全面的に同意する。実際彼は、絶対王政の導入は統治者と人民との合意として見られなければならないと『道徳の核心、一般の人間のための本性と知識の導入（Moralske Kierne, eller Introduction til Naturens og Folkerettens Kundskab）』（一七一六年）で論じたデンマーク系ノルウェー人であるルーヴィ・ホルベアに同意していた。国王が「公共の福利」を促進するなら、人民は国王に従うものだ。

　これ以降、公共善を保障し、したがって正義と市民社会を保障することは国王の任務となった。ホルベアは身分社会、とくに貴族の特権的地位の終わりを特色づけるものはこの変化だと確信し

（４）　スウェーデンとの二度にわたる戦争（カール・グスタフ戦争、一六五七～五八年、一六五八～一六六〇年）で貴族階級の怠慢が明瞭になり、一六六〇年に召集された身分制議会で、市民側からこれまでの選挙王政を廃して、世襲王政に移行する提案がなされた。国王フレゼリク三世は王国顧問会議と交渉して、世襲王政への移行を勝ちとった。それまで貴族の賛成が必要であった戴冠憲章（即位憲章）が廃止され、一六六一年一月に「絶対世襲政府文書」が公布されて、諸身分一五四七人が署名した。同時に、王国顧問会議、身分制議会も廃止され、デンマークで絶対王政が誕生した。一六六五年には、戴冠憲章（即位憲章）に代わる「国王世襲法」が制定され、国家の基本法が定められた。

（５）「マルティチュード」は、公民意識、権利意識をもたず、欲望に左右される大衆を意味する。

たのである。ホルベアの見方では、貴族身分の権力が弱くなれば、それはデンマークの王政にあるノルウェー人、デンマーク人、ドイツ人をみな自由にしたのであり、そのことは彼らが一人の支配者の下で対等な立場に立つということを意味した。

グルントヴィは、同じ契約理論をデンマークの絶対王政に応用して導入しようとした。一六六〇年に権力を握っていたのは国王ではなかった。権力は、人民によって国王に譲渡されていたのである。グルントヴィの著作では、この状況に戻ることが多い。グルントヴィの絶対王政についての見解を理解するためには、一六六五年のデンマーク国王法に定められた絶対王政を正当化する二つの人格的存在に注意することが重要となる。すなわち、国王の統治の権力は神、

ホルベアの銅像

を通して得られるが、他方で人民が「絶対的権力」を国王に譲渡するのである。

グルントヴィが契約理論を論じる際には、国王は「神の恩恵によって」権力を授かっているという神政政治的な考えとは距離を置いていた。グルントヴィの考えでは、それは「人民からの贈り物」であり、「共通善」を促進するために彼の権力においてすべてをなすことが国王の義務となっている。グルントヴィが民主主義に懐疑的だったのも、この「共通善」の考えと関係している。社会がみんなで維持すべきものであるなら、まさしく「共通善」を促進する義務が権威者には課せられる。これを一番よくできる者が国王である、とグルントヴィは確信していた。

一般の他の者と同様、王もまた利己的であり、

デンマーク王宮

野心に燃え、自分のことだけに奉仕することがありうることをグルントヴィも知らないわけではなかった。しかし、国王のそれは社会に対してそこまで破壊的ではない。というのも、他の者と違って、国王においては国家の利益と自らの利益を区別する誘惑は小さいからである。

　グルントヴィが最初の政治的な著作『政治的な考察（Politiske Betragtninger med Blik paa Danmark og Holsteen）』（一八三一年）で明らかにしたように、「権力、評判、福祉」は国王がどのように王国を運営するかということに密接に関係している。ノルウェーの歴史家イェンス・アロップ・サイプが「民衆の王政」と呼んだものを、グルントヴィは最良のものとしている。その核心をグルントヴィ自身、次のスローガンで要約している。

「王の手と民衆の声。両者とも強ければ、両者とも自由である」[原注6]

　デンマークの王政が他の統治形態と比べてもいかに優れているかということをグルントヴィは繰り返し示したが、それにはもちろん、一七八八年の土地緊縛制度の廃止[6]と一七九二年の奴隷貿易の廃止も含まれる。グルントヴィによれば、土地緊縛制の廃止はイギリスやフランスの場合と比べても一般民衆にとってははるかに自由な位置づけを保障した。すでに初期の著作『世界年代史（Verdens-Krønike）』（一八一二年）のなかで、グルントヴィは次のように書いている。

「領主は、もはや農民たちを自分の荘園から引っぱり出すことはできない。ただ領主を乗せ、馬車を引かせ、思うままに早足で駆けさせるために、馬を小屋から毎朝引っぱり出すようなことは

［農民たちに対してもはや］できない。［今は］木馬に楽しみで乗るか、若い主人［子ども］のための運動に木馬を使うのが領主なのだ」

（6）一七七三年、農民の自由な移動を禁止する「土地緊縛制度」が導入された。これは農民を土地に縛りつけ、同時に徴兵制も兼ねたものであった。一七八八年、啓蒙主義的改革を行っていたレーヴェントロウ、ベアンストーフらの大臣の働きかけで、農業改革の一環として条件つきで廃止された。

プロイセンのモデルを採用して、顧問会議（身分制地方議会）が一八三一年五月二八日の法と一八三四年の五月一五日の法によって設立された。最初の会議は一八三五年に開かれ、一八四八年まで二年に一回の開催を基本とした。この会議の設立が決定された直接の原因の一つが、一八三〇年のフランスでの七月革命時にヨーロッパに拡がった社会不安であり、これはスレースヴィとホルステン公国にも政治的な動きを引き起こした。顧問会議は、それゆえ、一八一五年のウィーン会議に対するフレゼリク六世（在位一八〇八～一八三九年）の約束を実現させた。すなわち、ウィーン会議でドイツ連邦に譲渡すると定めたホルステンに、王国の憲法を一部導入するという約束である。

スレースヴィとホルステンの関係の微妙な問題を評価することを避けるために、国王は両国とも議会をもつべきだと決定した。ホルステンはイツェヘー（Itzehoe）市に、スレースヴィはスレースヴィ市に置かれた。さらに、ユラン本土の議会をヴィボー（Viborg）に、シェランとフュンを含む島々の議会をコペンハーゲンの隣のロスキレ（Roskilde）に置くべきとされた。

議会は、農園所有者、農民、都市の土地所有者の代表で構成された。議会は決議を強制できず、ただ国王に対する助言の会議にとどまった。

第3章 国民と人民――想像された共同体

国民というものは目には見えないというのが、現代のナショナリズム理論の中心的な考え方である。アイルランド系アメリカ人のベネディクト・アンダーソンは、国民を「想像の共同体」（原注1）と呼ぶことで、この考えを巧みにかつ効果的に要約した。

国民は目には見えない。それらは、象や火山と同じようには存在しない。経験的な調査を通して国民の客観的な描写を与えることはできない。国民とは主観的なもの、あるいはむしろ相互主観的なものである。なぜなら、メンバーが共通にもっているものの観念的イメージの産物だからである。もっと一般的にいえば、国民とは、社会の推進力を与える燃料となる共通の観念を分け合ったものなのだ。そのような観念は、狭い知的な仕方で解釈されるべきではない。それらはもっと広大で包括的なものであり、共通の知識、共通の経験、共通の知性と感情、共通のシンボル、そして共通の想像力を構成する。

しかし、この観念だけでは社会の統合をなすには不十分である。それらは維持されうるためにはシンボル化される必要があり、本質的な恒常性を与えるために制度化されなければならない。たとえば、キリストへの信仰がテキストとしての聖書と制度としての教会に根拠づけられていなければ、キリスト教は明らかにその普遍的な重要性をもつことはなかっただろう。デンマークにおける国民概念は、国民教会（folkekirken）、民衆の学校（folkeskolen）、民衆のホイスコーレ（folkehøjskoler）、民衆の図書館（folkebiblioteker）、人民議会（Folketinget）、民衆の政党（folkepartier）といった制度に根ざしている。

もちろん、グルントヴィ自身が国民や民衆を「想像の共同体」と呼んだわけではないが、彼が『デンマークの韻文の年代記（Den danske Rimkrønike）』（一八三四年）で「国民性、そして母語は（……）地上における詩的なリアリティに属している」と論じるとき、彼は「想像の共同体」という思想に近づいているのである。

彼の「民衆」理解は、経験的に存在する個人から考えられたものではなく、歴史研究から出てきたものである。それは、グルントヴィの記念碑的な詩作「新年―新しい朝（Nyaars-Morgen）」（一八二四年）のなかに見られる。これは三一二の詩節が八つの詩に分けられた作品であり、思想の決定的な飛躍が、七番目の詩のはじまりで生じている。

「民衆の声が国中至るところで聞かれる／子どもたちが喜ぶ伝説や歌のなかで（原注2）」

目覚めた声は民衆の声であるが、ここでの民衆はグルントヴィの時代の民衆とされるわけではない。この時代では、民衆の声が沈黙しているからだ。グルントヴィが聴いた民衆の声は歴史から来る。そして、「［歴史的な］民衆と［現在の］民衆を」統合することを自分の仕事と見なしたのである。いい換えれば、歴史研究の土台のうえにグルントヴィは「デンマークの民衆」を構成した。それから、この民衆を自分のモデル、すなわち文化のカテゴリーにした。彼は何よりもまず、一般の民衆をもはや四番目の身分として見なすべきではなく、デンマークにおいて民衆のすべての部分をなすものとして見なされるべきだとしたのである。

　グルントヴィは「民衆」を共同体の構築に役立つ概念として把握したが、もちろんそれを単独で行ったわけではない。一般的には、「民衆」の新しい理解を確立したとされるのはヘルダーである。だが、私はイタリアの哲学者であり歴史家でもあるヴィーコも挙げたい。彼の「民衆」の理解がヘルダーに大きくインスピレーションを与える源になった。したがって、グルントヴィもまた影響を受けたことになる。

　ヴィーコは主著『新しい学』（一七二五年）［上村忠男訳、法政大学出版会、二〇〇七年］で、人民の自由は「彼らの主人からの自由である」[原注3]と述べている。そして、人民とは誰のことか、「人民」を自由にするために何が必要なのかを問うている。

「人民」は経験的な事実として、ア・プリオリに（初めから）存在するものではない。人民は、反省と自己意識を通して一つの実体としてその存在を得るにすぎない。ヴィーコは実例としてギリシャの政治家ソロンを挙げている。彼は、「平民たちが自分自身を対象化し、自分たちが貴族と変わらない同じ人間であることを認識し、それゆえ市民の権利という点では貴族と同じ立場に立たねばならない」と促した人物である。「すべての人々のなかの平民というソロンの考察をさらに進めて、平民こそが共和国を貴族政から民主政へと変えたというのは普遍的な事実である」(原注4)と、ヴィーコは確信していた。

グルントヴィの民衆教育の考え方はヴィーコに深く負っている。グルントヴィは下層階級の人々に対して、自己を対象化し、自分たちが「下賤な民衆」以上の存在であることを認識するように激励した。何といっても、彼らもまたデンマーク「国民」の部分だからである。グルントヴィは、国の統治者としては学者にも農民にも信頼を置いてはいなかった。というのも、統治者であるためには自分自身を意識した人物が必要だからである。『市民の教育について（Om Borgerlig Dannelse)』で、彼は次のように書いている。

「一般大衆は、仮に彼らで国家の議会を占めたとしても、自分自身を代表できるのはごくわずかであり、同じくらいに自分自身を統治できる者も少ない。それをするためには、より高い教育が必要である。その結果、自分たちの精神的な地位を捨て去り、もはや一般大衆ではなくなるのだ」

そのとき、彼らは新しい形式の意識をもった民衆となるだろう。そうなれば、彼らは自らを「身分」として考えることを止め、「民衆（市民）」として考えはじめるに違いない。グルントヴィにとっては、「一般大衆」と「普遍的な市民」には質的な違いがある。何よりも、意識と教育の点で違うのである。一般大衆が自分のことを普遍的な市民として考えるなら、それはもはや身分ではない。グルントヴィはこの二つの意識の質的な区別を明確にするために、対比的な語句「民衆（folk）」と「大衆（mængde）」、あるいは「民衆（folk）」と「群衆（pøblen）」を使っている。

かなり経ってハーバマスが、貴族の国家から民衆の国家への移行が最終的には「意識における変化」(原注5)をいかに前提とするかを強調したが、これはグルントヴィと似ている。大衆／農民と民衆が同義の概念であった社会から、多かれ少なかれ両者が対立する社会への移行は、巨大な精神的適応を要求した。その移行は、一〇〇〇年前の民俗宗教からキリスト教へ、五〇〇〇年前のカトリックからプロテスタンティズムへの移行に匹敵するだろう。

「民主主義」という言葉の乱用

グルントヴィの民主主義観を理解するためには、二〇〇〇年以上にわたり、「民主主義」という言葉は、もっぱら中立かもしくは否定的な意味をもつ統治の特殊な形態を指すものとして使われてきたことを思い出すことが大事である。たとえば、プラトンの『国家』〔藤沢令夫訳、岩波文庫、一九七九年］では、「貧民階級が反対勢力を打倒し、自分自身を救うために自分の国から逃げない者をすべて殺すときに」民主主義が生じるとソクラテスにいわせている。

　プラトンのアテネの民主主義批判は、あらゆる民主主義批判の原型であり続けた。[1] アリストテレスは『政治学』［山本光雄訳、岩波文庫、一九六一年］のなかで、民主主義は僭主政と寡頭政[2]に劣らず不当な政体であるとして否定している。ローマの著作家ポリュビオスもキケロも、民主主義を全然よいものとはしていない。

　啓蒙主義、アメリカ独立革命、フランス革命までは民主主義は一般的なものではなかった。それは統治の極端な形態であり、実施するには適さないものと見なされていた。のちには民主主義の偉大な思想家の扱いを受けるルソーのような政治哲学者さえ、実現できない考えと見ていたほどである。『社会契約論』（一七六二年）［桑原武夫・前川貞次郎訳、岩波文庫、一九五四年］では、次のように書かれてある。

「語の厳密な意味で、民主主義は一度たりとも存在したことはなく、またたしかに存在しようともしなかった」[3]

　ルソーによれば、民主主義は小さな国家、社会と個人の慣習の単純さ、富の平等を要求する。かくして有名な結論に至る。

「神の民がいれば、彼らの政体は民主主義的であろう。そのような完璧な統治はしかし、人間の

ものではない」[原注6]

思想史におけるルソーの中心的な位置づけは、それよりもむしろ人民主権を主張した点にある。他のどの事件よりもフランス革命が示すのは、貴族政の時代から民主主義への時代への移行であり、それは政治や教育の考え方として、保護者によるルールから自己ルールへの移行を意味している。フランスの民主主義者たちは、何よりもまず貴族政擁護者への反対で一致していた。しかし、フランス革命それ自体は、民主主義の概念を政治的なレトリックと理論の背後に隠すのに貢献したが、少なくとも一七九三年から一七九四年はテロリズムの支配に負っていた。これは民主主義が無秩序、アナーキー、大衆の恣意的な統治だという古くからのイメージを強化するものになったのである。

グルントヴィにとっても、フランス革命はほとんど決定的な重要性をもっていた。一八三八年

（1）僭主政は平民の不満を利用し、非合法な手段で正統性のない支配者が権力を奪取して支配するもの。君主制の堕落形態となる。

（2）寡頭政は富める者、特定の家柄の者などが正統性なしに少数者支配をする統治形態。貴族政の堕落形態といえる。

（3）ルソー『社会契約論』第三篇第四章民主政について（作田啓一訳『ルソー全集』第五巻、白水社、一九七九年、一七四ページ）。

の連続講義のタイトルを「時代の記憶の中で（Mands Minde）」と名づけて講義したとき、彼が語る中心的な話題はフランス革命であった。話題になっている人物やいろいろな党派の知識を通して、グルントヴィが革命の事件の進行に深い洞察をもっていたことを原稿が示している。そして、テロリズムの支配で終わったフランス革命を、彼は一つの失敗例と見た。

合い言葉としての「民衆」

民主主義を批判するのはグルントヴィだけではなかった。イェッペ・ニヴァースが歴史的概念の分析で証明したように、デンマークで一八四九年に民主的な憲法が要求されたとき、「民主主義」は流行してはいなかった。「民主主義」という言葉が人々の口に上ることはなく、一八四八〜一八四九年の革命を導いたリベラル・ブルジョアジーたちにおいてもほとんど使われることがなかった。彼らの政党である「ナショナル・リベラル」にとっては、「民主的」憲法の導入は問題視されていたのである。

デンマーク人はそれなりの理由をもって変革と見られるものを選んだが、D・G・モンラズやオルラ・レーマンなどの主要人物たちは、新憲法を通して絶対王政を制御することを主に考えていた。別の表現でいえば、立憲君主制の設立である。彼らは民主的な憲法のために闘争しなかったにもかかわらず、モンラズとレーマンは民衆こそが国家権力の合法的な基礎であると固く信じていた。

　有名な批評家ゲーオア・ブランデスは少し時代があとの人であるが、グルントヴィ、モンラズとレーマンがしたのと同じ議論に組み入れることができる。一八八四年にブランデスは憲法に関して講演を行い、そのなかで民衆と民主主義を明瞭に区別している。

「私は心から民衆に奉仕したいと思っているのに、民主主義に奉仕したいとはとてもいえないのです」

　彼は、以下のように力説している。

「私は民主主義者ではありません。いい換えれば、私は選挙での多数派の価値というものを信用していないのです。しかし、民衆の自己決定権が問題になっているところでは、多数派が問題を決定せざるをえないことはもちろん認めます[原注7]」

　一九世紀のデンマークにおける政治的な議論の争点は、「民衆」の概念であって「民主主義」の概念ではなかった。このことは、かつては「民衆」の概念が闘争のなかで基礎的な原理として発展したが、それは民主主義のための闘争ではなく、身分制に対する闘争においてだったという事実と結びつけられている。

一九世紀においては、「民衆（人民）」の概念はかなりの程度、新しい政治的なキャッチフレーズから確固とした政治的原理にまで高められたが、これは現代人には理解が難しい。人民と民主主義の関係を今日のわれわれは当然のものと見なしている。だが、デンマークにおいて「民主主義」が政治的言語に本格的に進出するのは、ようやく二〇世紀初頭にすぎなかった。より厳密にいえば、民主主義が一九世紀における「民衆（人民）」の概念と同じ意味で使われるのは第二次世界大戦中かそのあとになろう。

グルントヴィさえ「民主主義」をまともに取り上げることはなかったが、彼は『時代の記憶のなかで』では、遅かれ早かれ民衆が自分で自分たちの統治形態を選ぶようになるだろうと予言していた。彼の観点では、フランス革命と「ナポレオンの独裁」によって、民衆と王子たちは彼らがいかに相互依存していたかということを経験した。これが理由となって、一九世紀の初めに王子たちは「民衆の精神を刺激して昂揚させ、共通善について臣民を教育し、民衆の環境を改善する」ように努力したのである。

そのような教育が民衆をして世界史的な帰結を得させるだろうということを、グルントヴィは疑いもしなかった。「ブルジョア社会を民衆の精神のなかで再構成すること」は「歴史の認識」を必要とする。グルントヴィが『政治的な考察』（一八三一年）のなかで統治の形式としての民主主義に対して警告を与えたとき、彼はここで初めてすべての民衆のためのホイスコーレを論じている。グルントヴィは根強い王政主義者であったにもかかわらず、一般大衆を政治的な過程に参加させることのできるモデルを明らかに模索していたのである。

［これまでは］国王が共通善を見つける立場にあり、有能な人々が無学な農民よりも国をよりよく運営できた。しかし、無学な農民こそが政治的な活動に参加するために教育を受けねばならない。いったんこの過程が終われば、国王と民衆は同じ地点に立って、将来、民衆の効果的な統治を構築できるようになるだろう。「ローマは一日して成らず」とグルントヴィは何度か書いている。民主主義は、わずか一日で導入されるようなものではない。それは忍耐を必要とする。忍耐こそが、グルントヴィのなかで最高の形式の勇気であった。

一八三九年の秋、グルントヴィはデンマーク領西インド諸島の奴隷廃止を協議する小委員会に参加した。この委員会は、奴隷廃止で活動するイギリスのサークルや個人の要求で設立されていた。

一八四一年、著名な慈善家エリザベス・フライと彼女の弟ジョゼフ・ガーニーがコペンハーゲンを訪れた。彼女たちは、奴隷解放だけではなく刑務所改革活動でも国際的に知られるようになっていた。この二人のクェーカー教徒がグルントヴィに会った。グルントヴィはデンマークの女王によってこの問題の解釈を求められていた。

彼らが去ったのちの一八四一年八月三一日、「デンマーク協会」という組織で講演した。そこで彼は、自分に「深く新鮮な」印象を残したエリザベス・フライについて熱っぽく語った。グルントヴィはとくに、「彼女の視線に現れた人間に対する普遍的な愛」に感銘を受けたのである。グルントヴィは、一八四八年にすべてのデンマークの奴隷が解放されるまでこの委員会の活動に参加した。

第4章 グルントヴィの自由の概念

いかなる国民形成においても、国民、人民（民衆）、国家、自由、そして義務といった概念が中心になる。この文脈で、グルントヴィの自由の概念を検証してみよう。そこでは彼は、以下の三つの形式を区別している。

①宗教の自由（良心の自由）。これは精神的な側面である。

②市民の自由。これは市民社会と自由市場にその現れをもつ。

③個人の自由。これには身体の自由も含まれる。

②と③の自由は、①の自由と固く結びついている。①の自由は、グルントヴィによればイギリスにそのもっともよい事例があるという。

宗教の自由（良心の自由）

「私が政治家ならば、何はさておき、宗教の自由が私のキャッチフレーズになるだろう」

　これは、グルントヴィの主要著作『宗教の自由（Om Religions-Frihed）』（一八二七年）にある言葉である。ここでは、絶えずイギリスの状況が触れられている。そのなかには、宗教の自由について激しい論争があったリベラルな新聞〈ウェストミンスター・レヴュー〉も含まれている。レギュラーの寄稿者であったジョン・スチュワート・ミルは一八二六年に次のように書いた。

「……宗教は、各人に選択の自由が残されておらず、判事の側の処罰か報酬という操作で何らかの影響を受けるのであれば、安全ではないし、健全でもありえない（原注1）」

　デンマークでは、グルントヴィが宗教の自由の第一人者となった。『デンマークの法律専門家たちへの重要な問い（Vigtige Spørgsmaal til Danmarks Lovkyndige）』（一八二六年）で書いているように、「臣民の宗教についての見解が統一されており、国家体制と調和しているならば、そういう臣民をもつことは国家にとって計り知れない利益をもたらす。（……）しかし、周知のように、そういう調和というものは自分でつくり出すしかなく、そうでなければ達成し難いままである」とグルントヴィは見ていた。

信仰と強制、教会と市民の関係はずっと長い間にわたって混乱したままであり、グルントヴィは、宗教の自由は国家を強化するであろうと『宗教の自由』で強調した。というのも、「心理的な必要性である良心の自由は正直さと約束を守ることを涵養するが、これらは国家には欠かすことのできないものだからである」。

自由のあるところでは生の表明は自分自身を呈示することであり、これは社会の維持と発展には決定的に重要なものである。生の表明には、正直さと約束の厳守のほかに、共感、慈悲、誠実さ、忠誠心などが入る。キリスト教徒としてグルントヴィは当然ながら、これらの生の表明の純粋な形式はただ神においてのみ存在すると主張するが、一八三九年の国王の葬儀時の演説で述べたように、われわれ人間は神を原像として創造されたのであるから、「神よ、讃えられよ」という言葉が意味するところは、人間の本性において「われわれは［神の］栄光の痕跡と叡智の照明の軌跡を見いだす」ということなのである。

デンマーク国民を形成するためには、国家と宗教、教会と学校の間にある混乱の解決が必要になる。グルントヴィの考えでは、教会に対する個人の関係と信仰はいかなる市民的な帰結ももつべきではない。『世界年代記ハンドブック（Haandbog i Verdens-Historien）』（一八三三年）の序文では、次のように書いている。

「教会と学校、信仰と知識、一時性と永遠とを明確に区別することを私は徐々に学んだ。そして教会は、国家のいかなる誘惑も拒否しなければならず、学校は国家が喜ぶような改変の試みを拒否しなければならない。それと同様に、教会の形式を国家や学校に押しつけることもまた同じく不正であると私は確信している」

五一回に及ぶ『時代の記憶の中で』の連続講義で、キリスト教に一講をあてていることは注目されてよい。彼の議論によれば、キリスト教は社会の組織や発展の問題と一緒にされてはならない。

「市民の問題が真に刷新され、確立されなければならないところではどこでも、キリスト教は絶対的に自由で予測できないものであるから、市民の問題と同じように扱ってはならない」

キリスト教は、もはや社会の組織化の規範であるべきではない。キリスト教、そして広い意味での宗教が社会生活で実りあるためには、他のものとのいかなる関係からも自由でなければならない。さもなければ、社会も宗教も麻痺するだろう。精神的な改革者としてのグルントヴィは、宗教の自由と教会生活のラディカルな自由化のスポークスマンでもある。

グルントヴィからすれば、宗教の自由（良心の自由）は精神の自由を表すがゆえに、基本的な自由である。宗教の自由は、宗教のみならず社会にとっても重要だ。だからこそ、それは肯定的な役割を果たすことができる。それゆえに、グルントヴィは教区の束縛を彼の改革の主要テーマにした。市民は自分の教区教会、教区の牧師に縛りつけられてはならない。彼らは自由に教区や牧師を選ぶべきであり、それが信仰と良心を促進させる。

良心の自由は、信徒全体だけではなく牧師も含む。牧師は、自分が誰に対してミサなどを行うのかを選択でき、儀式を扱う広い自由をもたなければならない。国家教会は信仰の共同体ではなく、「信仰の教義」の解釈を独占することのない市民の組織として見なされなければならない。一八五五年、教区の束縛をなくす法案が可決されたが、グルントヴィだけのおかげとまではいえないにせよ、その功績の大部分を受けるにふさわしいのは彼である。

教会、国家そして学校の関係についてのグルントヴィの理解は、教会と学校によって公教要理(1)が社会倫理的な教育の基礎として教えられるべきだという当時のあり方と対立した。一五三六年の宗教改革以降は、聖餐式(2)を受ける条件はルターの『小公教要理（Der kleine Katechismus）』の知識だった。しかし、一七三六年に堅信礼(3)が導入されたことによって、この条件はルターの著作について公的な試験に合格するということを意味するようになった。

---

(1) キリスト教の教義を問答形式で述べた書物。堅信礼などに使われる。

(2) イエスが最後の晩餐でパンと葡萄酒を取って「これはわたしの身体わたしの血である」といい、新しい契約（新約）として弟子たちに分け与えたことにもとづく儀式。パンと葡萄酒を会衆が拝領する。「コムニオン」とも呼ばれ、神と信徒、信徒同士の交わりも意味する。

(3) 幼児洗礼を受けた者が長じて自覚的にキリスト教の信仰告白を行う儀式。多くは七歳以降。

　聖餐式は教会の生活だけではなく、社会生活への参加も意味した。多くの市民の権利も聖餐式を受けることと関係していた。たとえば、信仰の誓い、名づけ親になること、結婚でさえも、である。グルントヴィは、堅信礼と市民権のつながりを除去するために死にものぐるいで闘った。『宗教の自由』（一八二七年）では、市民の堅信礼を論じて、社会における本質的な同質性を保障できるものは共通の宗教ではなく、共通の言語と共通の歴史だとしている。

「市民の統一が国家の生きた原理でありうるという事態は、人々が共通の言語と歴史を分かちもつときに可能になるが、そういうところであれば、政府は市民の堅信礼の法律を制定できるし、すべきである」

　国家に対する宗教的な献身の誓いはもはや必要がない。その代わりに、若者たちは「市民権の堅信礼を受け、それゆえ、国家に対する誓いの言葉を述べるべきである」。換言すれば、堅信礼は教会生活への組み入れを目的とするのではなく、堅信礼志願者の信仰をまったく顧慮することなく、「社会への参加」を目的とすべきなのである。学校は信仰について教えるのではなく、むしろ社会において良識ある市民であるとは何を意味するのかを教授しなければならない。それは「キリスト教、ユダヤ教、異教の信者であろうが、あるいは信仰の問題にはまったく関係ないという無神論者であろうが、同じ内容」となる。

　同様に、一八五〇年の議会でグルントヴィは、キリスト教会で結婚式を挙げなければならないという義務を攻撃した。要するに、市民の婚姻は誰にでも許されてよいとした。

「そのほうが宗教の自由が効果的に働くであろう」

どういう結婚であれ、区別があってはならない。たとえば、一般に思われているように、キリスト教徒とユダヤ教徒の結婚を「特別な種類の結婚」と呼ぶことは許されない。グルントヴィは、子どもの育成に関連して、互いに違う宗教をもって結婚した者たちに特別な義務を課すことを議会の演台から批判した。彼の考えでは、市民としての結婚の正当性は、「キリスト教会であろうが、シナゴーグであろうが、いかなる種類の儀式、あるいはいわゆる『結婚式』と呼ばれるものから完全に自由でなければならない」（聴け！聴け！）。

市民として婚姻届を出したあと、さらに「教会での結婚式を望むにせよ、望まないにせよ、そしてたとえ望む場合であったとしても」、そのカップルが自ら決めるようにしなければならない。つまり、グルントヴィは市民の堅信礼や婚姻といった問題では時代を先んじていたのである。

堅信礼が教会での結婚の条件として廃止されるのはようやく一九〇九年であり、市民としての婚姻届と教会との関係で選択の自由が導入されたのは一九二九年である。そのときまで、教会での結婚は教会の信徒全員の義務であり続けた。信徒全員ということは、実際、デンマークのほとんどの住民を意味する。

また、幼児洗礼の問題では、同じくグルントヴィは国家の管轄外のことで自主的な選択にすべきだと主張していた。幼児洗礼の義務が廃止されたのはようやく一八五七年になってからである。それ以前に、警察を送って子どもを見つけ、強制的に洗礼を受けさせるという慣習はなくなってはいたが。

教会税については、どの宗教を信仰するかにかかわらず、みなが「ルター派の」国民教会に税金を支払わなければならないという考え方にグルントヴィは全面的に反対していた。彼は一八四九年の憲法制定議会で、「国民教会の教師や組織を利用しない者が、なぜ国民教会や他の教会のために負担する必要があるのか、どんな理由も私には見いだせない」と述べている。自分に帰属感情がない教会や信徒共同体に寄金を強制されるというのは、グルントヴィにはきわめて受け入れ難いことだった。グルントヴィにとっては、国民形成は宗教の多元主義、すなわちさまざまな宗教によるものと特色づけられていた。

市民の自由

グルントヴィはさまざまな国家の制度を廃止するために、議会では前線を拡げて闘った。徴兵制は廃止されるべきであり、あらゆる軍事的な防衛は自発的なものに切り替わった。また、グルントヴィは最大限に可能な経済の自由も支持した。そして、ギルドの会員も各人の意志によるものとする変革を導いた。

宗教と学校の自由は、とくに重要なものであった。グルントヴィはいかなる義務教育にも就学義務にも反対した。なぜなら、グルントヴィにとっては学校とは国家の制度ではなく「自由な」制度であり、それこそが国民の共同体というものを維持するために必要な社会資本形成に貢献するからである。

彼の自由への希求のなかで賛否両論あったものの一つが、社会の安全の考え方である。グルントヴィはひょっとすると社会保障の反対者であったのかもしれない。この問題は、「社会保障」をどのように定義するかにかかってくる。これがデンマークと北欧諸国に第二次世界大戦後に導入されたシステムを意味するのであれば、われわれはグルントヴィを批判してもよいだろう。

彼は、憲法の生活保障条項に反対し、国家による社会福祉システムに徹底して批判的であった。とくに反対したのは、官吏に対する国家の年金制度である。グルントヴィは、官僚が国家を屈服させることを怖れたのである。これは当時、ヨーロッパの多くの国々で恒常的に見られるようになったことであった。

グルントヴィの理想とする社会は「豊かすぎる者は少なく、貧しい者はさらに少ない」社会であった。したがって、福祉国家を予想するものではなかった。一方で彼は、貧しい者たちは主として農地改革によって、自分自身をまかなうより良い機会を与えられるべきだと主張した。そうすれば、豊かすぎる者がより少なく、貧しい者はさらに少なくなることが確実になるだろう。

さらに、弱者や病人に対するいかなる支援も、地域の家族的なケアにもとづいていなければならないと論じた。プレステの教区牧師として（一八二一年～一八二二年）、グルントヴィは教区教会に依存して生きていた者たちのために多大の労苦を払ったのである。

グルントヴィの自由観のエッセンスは、『北欧神話』（一八三二年）の序文に掲載された詩の形式で見いだせる。「トールだけではなくロキの自由も（原注２）」がそれである。二人の北欧神話の神、ロキとトールは世界の見方が異なっていたが、両者とも同じ自由を享受すべきであるとしている。ロキの利己主義的な自由の理解を強く批判しながらも、グルントヴィはロキに特別な地位を与えている。というのも、戦いを剣ではなく言葉で行うことを確実にするのは、ウィットで挑戦してからかうロキだからである。

グルントヴィがいう自由とは、思想が異なる者たちへの寛容を意味するだけではなく、その違いを意見の生きた相互作用がなされる条件として実践的に見なすことなのである。にもかかわらず、しばしば見逃されがちなことは、グルントヴィが二人の神話的人物ではなく、三つの神話の登場人物を扱ったことである。三番目は、狼のフェンリスである。

ただ腹を空かせた野獣にわれらを結び付けよ
この野獣は高貴なものを空隙に埋めようとする
誇りをもって片手でたじろがず(原注3)に立つ者はテュール
ロキは力なく英雄をあざけるのみ

「腹を空かせた野獣」とはフェンリスのことである。社会が没落すべきでないならば、これは紐につながれていなければならない。しかし、これは無償では起こりえない。フェンリスは、アース神族（戦争と征服の神々）の一人が腕をフェンリスの口の中に置くならば、三つ目の紐につながれることができる。統一のためには誰かが自分を進んで犠牲に差し出さなければならない。テュールが犠牲になろうとする。アース神たちにとってうれしいことに、フェンリスが自分を縛っている紐をかみ切れないときには、テュールの腕を噛みちぎることになる。

［この神話が意味することは］社会には破壊的な力があるということであり、それはつながれていなければならない、これが道徳であり、自由がすべてではないということである。

　グルントヴィはかなり長い間リベラルと見なされてきたかもしれないが、最後まで自由を保障する自由主義において、個人の権利を強調することにはとくに慎重であり続けた。なぜなら、テュールの例が示すように、社会に関与する際に利己主義が排除されなければ、愛国心はどのようにして育つのかという問題があるからである。

そのような自己犠牲は、リベラルな精神のもち主には要求し難いものとなる。リベラリズムが拠って立つのは、人々あるいは国民の集合的な共通善のために、個人を犠牲にするというような考えに賛同しない倫理的個人主義だからである。

人格の自由、身体の自由

先に挙げた『宗教の自由』（一八二七年）のなかで、グルントヴィは奴隷問題に初めて触れている。この論文は、もともとは奴隷制の廃止の要求と「人権」の喚起に関連したものだが、のちに連続講義『時代の記憶の中で』（一八三八年）において黒人の自由を論じ、奴隷の廃止を「ヨーロッパのもっとも繊細なお気に入りの話題の一つとして」挙げている。

一七九二年、デンマークは植民地に奴隷を所有していたが、黒人奴隷の貿易を禁じていた。しかし、奴隷制度それ自体を禁じたわけではない。一八〇〇年頃でもまだ、三万人ほどの奴隷がデンマーク領西インド諸島にいた。

アメリカ合衆国やヨーロッパには、奴隷制の廃止を求める多くの人々、とくにクェーカー教徒らがいた。増大する反対の声により、一七九二年、イギリス下院は奴隷制禁止法を導入したが、上院では否決された。続く数年はさまざまな運動が起き、とりわけ反奴隷団体の設立が目立った。そのなかには、一八三九年の「イギリスおよび諸外国の奴隷制反対協会」も含まれるが、これは外国人にもまたこの運動を支援するように働きかけることを意図したものである。こうした動きは、長期間にわたってグルントヴィに影響を与えた。

　彼は一八三九年に奴隷制廃止を推進する小さな委員会に参加して、次のように述べている。「多くの市民がわれわれと希望を分かち合っている。すなわち、デンマークの島々においてもまた奴隷制がよい形でできるだけ早く廃止されるべきであるという希望である。それゆえ、われわれは協会を設立して、考えを同じくする者に参集を呼びかける。そうすれば、この希望がどの程度理性的に達成されうるかさらに考察するであろう」(原注4)

　一八四三年には、科学者であり政治家のJ・F・ショウがこの委員会を再構成し、グルントヴィは「喜んで」メンバーを継続すると宣言している。新しい会員には、監督D・G・モンラズとフランスの改革派牧師J・A・ラファールがいた。グルントヴィの旧敵であったH・N・クラウセン教授といっしょに委員会は政治的なイニシャティブをとり、ロスキレの顧問会議（身分制地方議会）でこの問題を喚起した。だが、十分な後援を得ることに失敗したため、グルントヴィは深く失望した。

「私の印象では、ロスキレ［の議会］はこの問題を扱ったというよりも、むしろ多大な無関心をもって扱わないままに捨て置いたのだ（原注5）」

一八四五年から一八四八年にこの委員会は衰退期を迎えるが、グルントヴィはその間も委員会の活動に参加し続けた。これは逆に、諮問会議に圧力を与えることになった。

奴隷解放運動では、一八四八年がデンマークの決定的な年となる。七月三日、デンマーク領西インド諸島総督ペーター・フォン・ショルテンは、セント・クロワ（St. Croix）島のフレデリクステズ（Fredrikssted）に集められた奴隷たちの前に立ち、有名な言葉を残している。

「今からあなたたちは自由だ。これをもって、あなたたちは解放された」

奴隷制廃止は九月二二日、フレゼリク七世が署名した布告でデンマーク政府により承認された。しかし、憲法制定議会では賠償問題が生じた。引き続く議論で指摘されたのは、奴隷所有者が奴隷の所有権をもっていたので、彼らが廃止に伴う賠償を要求したことだった。グルントヴィは、一二月一四日、以下のように答えている。

「まさに今、私が議会の注目を要求する理由は、デンマーク領西インド諸島の奴隷制廃止のために働く一員に私が属しているということであり、それゆえに私は繰り返し起きてくるこの問題、すなわち同じ人間を所有する権利をもっているという人々を認めようという意見に反対して述べざるをえないからです。私自身のために、そして人間はみな友人だとイメージするからこそ、私はこの問題に強く反対します（原注６）」

グルントヴィの態度は、人格の自由は奴隷にかかわる経済的な利害よりも優先されなければならないというものだった。グルントヴィの憲法制定議会での意見は、英語に訳されて西インド諸島の新聞〈セント・トーマス・タイムズ（St. Thomas Times）〉（一八四九年一月二七日号）に掲載された。

グルントヴィの奴隷制廃止への関与は、人格の自由はまた身体の自由も含むという彼の信念にもとづいていた。内的かつ精神的な自由ばかりが中心になる自由を批判するときは、グルントヴィは明らかにヘーゲルを念頭に置いていた。

精神の自由は、たとえ身体が隷属状態であっても、それと共存可能であるという考えはあらゆる経験と常識に反する。幸いなことに、われわれはイギリス人の経験に学ぶことができる。彼らは一八三三年に奴隷制度を廃止したが、その際に根拠になったのは一六七九年の「人身保護法（the Habeas Corpus Act）」である。これは、法的な判定なくしてはいかなる者も身体の自由を奪われることはできないという考えにもとづくもので、自由の基礎となるものだ。

グルントヴィは雑誌〈デンマーク人〉（一八四九年）において、「自分の身体を自分の権能のうちにもつことが自由の本質であるということをイギリス人は確信していた」と述べている。この決定的なポイントを見落したのはヘーゲルだけではない。多くのキリスト教徒も同じことがあてはまる。

「イギリス人が身体の自由（Habeas Corpus）と呼ぶものは、著述家たちには軽視されてきた。なぜなら、彼らは人間の本性と生の企てを正しく理解することができず、深遠な神秘的真理を決定的に誤解したからである。すなわち、身体は精神のためにのみ存在し、時間は永遠のためにこそ存在するという真理である」

　グルントヴィ研究者であるカイ・タニングは、確信をもってグルントヴィの自由観は最終的に相互性の原理にもとづくことを証明し、次のように書いている。

「他者が自分たちとともにあることを認める者のみが自由なのである」[原注7]

　別のいい方をすれば、他者が自由でなければ自分たちも自由ではないということだ。グルントヴィの自由の概念は倫理的な次元を含み、これは法律によって認められる形式的な自由を超えている。グルントヴィからすれば、相互性は個人の自由だけではなく、二人あるいはそれ以上の複数の人間の自由を考慮する。この概念は相互主観的であり、対話的なものである。それは、競争の考えと分かち難く結びついているという信念である。

競争の自由

デンマーク語の「slå sig sammen」は「一丸となる、協力する」の意味だといってよい。字義どおりの意味は「互いにいっしょに叩き合う」であり、おかしな、だが興味深い表現である。なぜ、動詞が「叩く」なのだろうか。これだと、友好関係よりもむしろ敵意になるのではないだろうか。なぜ、「いっしょになる」ではなくて「叩く」なのか。だがグルントヴィは、このいい回しに深い知恵を発見するのである。

グルントヴィの自由の概念について、ハル・コックは論じている。彼は、グルントヴィの自由の概念が自由のリベラリズムの理解に由来しないことの重要性を指摘した。それは、戦いあるいは闘争（デンマーク語では「kamp」）こそが精神の表明であり、「それゆえ生は、それ自体戦いのなかで自己を表現することができなければならない」（原注８）という思想にもとづいているのだ。

グルントヴィの戦いの概念はカテゴリー間に橋を架けることを意味する。精神が行動という意味で現実となるのはこの戦いを通じてなのである。思想史の広い視野からグルントヴィは、宗教に関係させた古代から「精神」概念を解き放ち、その代わりにコミュニケーションに結びつける。

グルントヴィの闘争と戦いの考えが一番見られるのは、「トールだけではなくロキの自由も」

という有名な詩句だけではない。この詩句がある詩節にも見ることができる。そうすると、グルントヴィにとって、思想の自由と信仰の自由、それから闘争と戦いの間にきわめて深いレベルでの関連性があることがはっきりする。

自由こそが北欧の合言葉たれ
トールだけでなくロキの自由も
自由こそは新しい世界の言葉
この世界が言葉を空の下に創造した
学びの国、思考の国、信仰の国
目に見えるものは、たいていは海岸のようなもの
そこは風のなかで白い山頂が見えるだけ
ただ戦いのなかでこそ生がかき立てられる
そこではたとえ力が蒸気のなかに覆われようとも
声は叫ぶ「戦いこそわが人生」と
学びの海、思考の海、信仰の海
自由なければそこはアース神の墓場だ

地位をめぐって力ある神々たちが戦うとき
花開き揺れる草原にも似て
城館と天にも届く山々で飾る（原注9）

グルントヴィが評価する自由は、言葉を武器とした競争の自由である。一八三二年にこの詩を書いたときグルントヴィは、人が正しい思想や信仰をもつかどうかについてはもはや関心がなかった。それよりも大事なことは、信仰が生きることなのだ。そして、戦いや闘争があるところでのみ信仰が生きることができる。逆にいえば、戦いや闘争は自由に依存しているのである。

戦いと競争は人類の基本的な性向である。北欧の人々が、古代ギリシャに匹敵できるほどの古代文化にルーツをもつということを、北欧諸国の同時代人に示すことがグルントヴィの重要な文化的・政治的社会関与であった。それゆえ、このときに戦いと闘争の概念が生じたのである。

ギリシャ語ではこれは「アゴーン」であり、多くの格闘技に適用され、重要な文化的意味をもっていた。古代ギリシャで行われた多くの競技会のなかでは、オリンピックがもっとも著名なものである。グルントヴィはギリシャの概念をそのまま受け取らず、自分で北欧風に変容した。彼が強調したのは、競争のこの形式が、相互的な学びと相互の認知の過程を目的とする倫理にもとづいているということだった。

グルントヴィによれば、単一の争いは二つの原理、すなわち秩序と自由を基礎とした闘争の概念である。この二つの対照的な原理の間の正しい関係を確立することが、生を与える闘争には不可欠である。このような闘争は、フランスの自由概念やドイツの秩序概念とは比較できない。自由は秩序を前提とするが、秩序は自由を前提とはしない。秩序なき自由は無秩序になり、自由なき秩序は専制や停滞をもたらす。[原注10] しかしながら、グルントヴィは一八四七年の断片で続けて語っている。

「ギリシャの秩序の概念と北欧の自由概念にかんしていえば、両者はきわめて異なっている。というのも、その場合われわれは、ある特殊なサークルで相互的に受け取られた法律に応じて、力の自由な表明を想像できるからである。これが、北欧では『決闘（一騎打ち）』、ギリシャでは『オリンピック』になる理由なのだ」

憲法制定議会でグルントヴィが力説したことは、議会においても公共の場でも一対一の戦いの重要性である。「祖国にとって何に価値があり、何が利益をもたらすかについて議論をオープンにすること」がきわめて重要である。そのとき、「言論の一対一の戦いのなかで政党は『フェアプレイ』を学ぶだろう」。グルントヴィが意味するものを説明するためにイギリスに話を振ることは稀であるが、彼がここでイギリスのジェントルマンやスポーツマンの概念のフェアプレイを使った理由は、多様な意見が表明される自由な政治的討論の重要性を明らかにするためだった。

一年後、〈デンマーク人〉でグルントヴィは強調している。
「私はイギリスに滞在して（一八二九～一八三一年）初めて、『言葉の自由』の確かで生きた理解に達した」

グルントヴィは、言葉による戦い、「論争」を社会全体に利益をもたらす競争と見なしていたのである。政治における競争は多元主義と反対意見を前提とする。こうした想定がなければ、討議すべきものがないからである。

議会では、グルントヴィは表現豊かにしばしばユーモアをもって語った。議会での答弁スタイルは、四度目となるイギリスへの旅でイギリス議会を訪問したとき、つまり一八四三年に身につけている。グルントヴィは政治活動の理想としては自由な形式がよいことを何度も述べ、デンマーク議会では自分が「おふざけ者」として非難されたことにさえ触れている。

グルントヴィが「わが人生は闘争なり」と書くとき、彼は中心的な問題を挙げていることになる。すなわち、戦いが破壊や死で終わるのではなく、平和や自由で終わるためには戦いの限度がどこにあるのかという問いである。グルントヴィの初期の論考のなかに、この平和の観点の事例を見つけ出すことは簡単ではない。彼は広範囲の戦いのイメージを採用し、眠っている力を呼び起こす必要性として正当化している。

彼のディレンマは、一方で闘争を奨励しながら、他方で同時にこの戦いに制限をかけようとしている点にある。グルントヴィ自身、のちにはこの矛盾を自覚し、若い頃からもっていた考えを変えた。彼は『時代の記憶の中で』において次のように書いている。

「私は以前の要求、すなわち戦いがあればあるほど生もあるという考えをあっさりと断念した。今は、以上のようでなくてはならないことを認める。すなわち、戦いがあればあるほど、それだけ生が危険にさらされ、それゆえより多くの死があることを意味すると」

　グルントヴィの闘争の哲学の最終的な形態は、ロゴスとディアロゴス（対話）の区別に立脚している。そこでは、ロゴスは神的な根拠づけで、ディアロゴスは対話である。ロゴスの代わりにグルントヴィは、ルールとしての言葉を語る。しかしながら、『初歩的なキリスト教の教え（Den Christelige Børnelærdom）』で書いているように、「ギリシャ語の『ロゴス』はデンマーク語の『言葉』に対応する」ことを思い出す必要がある。

　グルントヴィにとっては、ロゴス・言葉は神の言葉と人間の言葉という二つの意味をもっている。われわれは神の言葉の偉大なロゴスに直接近づけないが、小さなロゴス、その真理がディアロゴスによって検証される小文字の人間のロゴスは使いこなさなければならない。ロゴスは精神であり、ディアロゴスはその表現の形式である。

　世界は［神のごとき］パノラマ的な視点から鳥瞰はされえないが、相互に違った視点から見られる必要がある。真理は、ただ諸真理の間の相互作用によってのみ現れる。現代の概念を使えば、グルントヴィにとって啓蒙とは多義的な概念であり、戦いの概念であるといえるだろう。われわれは、ただその一部を知っているだけで、絶対的な真理を所有していると要求できる者は誰もいない。

　それゆえ、真理は人間の所有物には決してなりえないが、それでも生きており、真理を得ようとするわれわれの努力のなかで活動している。グルントヴィの神話では、トールは真理をめぐる戦いの神である。最高の立法者であり基準である真理が存在しなければ、意味ある討議の基礎がなくなり、真理のための戦いも無意味になるだろう。

　グルントヴィはしばしば「矛盾の原理」について語る。これは、彼がまた「永遠で基礎的な真理の法則」と呼ぶものである。その論理ははなはだ単純で、真理と愛はウソや偽りよりもよいというものである。

　グルントヴィによれば、人間は真実とウソ、光と闇、生と死の一連の対立矛盾のなかに自己があることを知る。しかし、これらは二元論的ではなくヒエラルヒー的な性格をもつ。たとえば、光と闇はグルントヴィのコスモロジーでは二つの対等な力ではない。光は闇とは異なった性質をもち、闇は光の不在である。グルントヴィは、コスモスそのもののなかに生と死、光と闇というヒエラルヒー的な関係を組み込んで生と死を見るのである。

　ヒエラルヒーは避けられないものだろうが、常に合理的であるわけではない。自然のヒエラルヒーと不自然なヒエラルヒーを区別することが重要である。もっとも基礎的なヒエラルヒーの関係は、生は死よりも望ましいというものである。生は死よりも高い価値をもつ。もちろん、生よりも死がよいという議論もヒエラルヒーを構成するが、グルントヴィはそんなヒエラルヒーは不自然なものだと見なすであろう。自然で合理的なものは、死よりも生が、ウソよりも真実が、闇よりも光がよいと見なすはずだ。

グルントヴィの生の哲学と政治理論は、ハーバマスのそれとはずいぶん見かけが違う。ハーバマスの合理主義を完璧に共有はしないが、「コミュニケーション的行為」が「戦略的な行為」よりも基本的であるということではグルントヴィとハーバマスは合意するだろう。「戦略的な行為」が他者に対する一方的な働きかけを意図するところで、「コミュニケーション的行為」は他者との相互理解を意図する。最終的には、「コミュニケーション的行為」は真理の対話的な概念に基礎づけられている。ハーバマスはこれを、『コミュニケーション的行為の理論』一九八一年）〔河上倫逸他訳、未来社、一九八五年〕において「よりよい討議の強制力なき強制」と呼んだのである。

一八四〇年代、デンマーク・ドイツ統一王国［デンマーク王国のこと］は南部に三つの公国をもっていた。ラウエンブルク（Lauenburg）、ホルステン、スレースヴィである。事態は急を告げていた(1)。すなわち、民主主義を導入しつつ、デンマーク人とドイツ人の統一王国をいっしょに維持することは、同一のプロセスにおいて可能であるかという問題であった（ノルウェーは、すでに一八一二年にスウェーデンに奪われていた）。

民主主義は、君主主権ではなく人民主権を要求する。しかし、デンマーク人・ドイツ人統一王国がドイツ北部のエルベ川（Elbe）まではるかに伸びる場合、「人民」を構成するのは誰なのか。君主制が一八四八年に崩壊したとき、三年に及ぶ内戦がそこで起こり、グルントヴィの二人の息子もそこで従軍した。最終的に、デンマークはビスマルクの軍隊に一八六四年に敗北し、この三つの公国はすべてプロイセン・オーストリアに譲渡された。二〇万人のデンマーク系住民は、ドイツの統治に服することになった。

第5章　連合王国から国民国家へ

本章では、グルントヴィの国民形成の思想を、彼が生まれた時代の複数民族の連合王国と照らしてより詳細に検討してみることにする。そのことはまた、当初は民主主義の批判者であったグルントヴィが、のちには幅広い層から基礎づけられた民主主義的な政府のスポークスマンに至った過程を追うことにもなる。

（1）一八一四年のウィーン会議でデンマークは旧来どおりホルステンの支配を認められた。連邦規約に従い、ホルステンには憲法も認められたが、スレースヴィのローンセンが自治権のある憲法を求め、ホルステンだけではなく、スレースヴィも含めて自治権、独自憲法を要求する運動が起きた。コペンハーゲンのナショナル・リベラルは、デンマーク語を話す住民が多いスレースヴィのみをデンマークに帰属させるいわゆる「アイダー政策」を取ったが、二国は一つと見なすドイツ系住民の反発を買った。その後、ドイツ系勢力はキールに臨時政府を樹立し、デンマークとの戦争をはじめるが、プロイセンがこれを支援してデンマークはプロイセンと戦争をすることになる。ホルステンはドイツ語を話す住民が多数で、スレースヴィは、全体としてはデンマーク語住民、ドイツ語住民は半々であった。

一八一四年、ノルウェーをスウェーデンに譲渡してのち、スレースヴィとホルステン、それに北アトランティック諸島を含むデンマーク人とドイツ人の連合王国の輪郭が一八一五年のウィーン会議で決定された。フランス革命とナポレオンの引き起こした大変動のあと、ヨーロッパの大半の君主国は国境線を定めるために全ヨーロッパの会議に集まった。この会議は、一六四八年から続いたウェストファリア条約体制に終止符を打つものだった。

その根本的な理由に、一七八九年、フランスが君主の上に人民を置く新しい統治概念を導入したことがある。それゆえ、ウィーン会議では、いかにして古い君主制を再建できるかということが主要問題の一つとなった。

最初の成果は、自由主義、ナショナリズム、民主主義的な思想に歯止めをかけることだった。しかし、一八三〇年からはこうした思潮は勢いを取り戻し、デンマークでは以下の基本的な問題を引き起こした。すなわち、デンマーク人とドイツ人の連合王国を維持しながら、同時に新しい憲法を導入することは、同一の過程で果たして可能なことなのかという問いである。もし、旧体制が存続できない、あるいは存続すべきではないとすれば、いかなる体制が取って代わるのか。

一八四八年の春、「ヨーロッパの春」がパリで勃発し、パレルモからウィーン、ブダペストからベルリンまでヨーロッパを席巻したとき、コペンハーゲンでも集まった群衆のなかから議論が巻き起こった。最初の集会は、三月一一日、カシーノ劇場（Casino）で行われた。ここでは、スレースヴィをデンマーク王国に併合するどうかが主要な議題になった。グルントヴィは「スレースヴィ救援協会」の三月一四日の会合で講演した。そこで自分は根っからの王党派であることは確かだが、最近は君主制の維持の困難さに気づいたと述べて、自己の政治信条を吐露《とろ》している。

「私たちがあらゆる技術のなかでもっとも高貴なもの、すなわち自分自身をコントロールするという国王の技術を学んだならば、今や私自身が小さな国王になりたいと思いますし、そして私の周りで他の小さな国王たちが走り回っている姿だけを見たいのです」(原注1)

それからグルントヴィは、ヨーロッパの事件に対する自分の見方を示している。政治的な大変動が新しい政治の秩序を創造したことを認識し、時代が壊した（古い）形式に継ぎはぎを当てようとする動きから自分を守ったのである。

講演のなかでグルントヴィは、自分自身「もっとも扱いが難しい場所」と見なしていたフランスの事件に触れながら次のように語っている。

「私は最近のフランスの革命を、ヨーロッパでもっとも人工的な政治の機械の一つがある瞬間において壊れてしまったので、人間の生は自分の権利を要求するという、シンプルだが深い知恵がそのときに生まれたものと見なしています。すなわち、生命の本質的な維持、利益の自由、そして統治のあらゆる形式において人間の尊厳ということです。そして、もしそれを選択するときは、当然ながら、人間の価値にもとづいて、時代と場所が人間の生の奪うことのできない本質的な権利と調和でき、同じくわれわれの奪うことのできない人間の自由と本質的な平衡、そしてつねに進行する啓蒙を一番保障できそうな形式が選ばれるのです」(原注2)

それゆえ、最近の数週間の出来事が体制の決定的な変化に含まれることを確証したのちに、グルントヴィは「もう一つの扱いが難しい場所」すなわちデンマークとドイツの国境問題に戻る。ある者らはハンブルクの近くのエルベ川（Elbe）に国境線を引き、別の者たちはそれより六〇マイル北のアイザー川（Eider）に引き、さらに別の者たちはそこからさらに一二〇マイル北のコンゲ川（Kongeåen）に引くだろう。他方で、ドイツのウルトラ・ナショナリストなら、デンマーク全部がプロイセンに取り込まれるべきだとするだろう［一七九ページも参照］。『ドイツ語の歴史（Geschichte der deutschen Sprache）』（一八四八年）という本を著したドイツの民俗学者ヤーコブ・グリムはその言語学研究をもとにして、厄介な「ユトランド（ユラン）半島」は本来ドイツのもので、ただ一時的にデンマークの統治にあるにすぎないと主張している。しかし、近い将来、これはすべてを変えるだろうとして、彼は「ドイツが自己自身に目覚めれば、デンマークはおそらく以前のようには存続できないだろう」(原注3)と述べている。

最悪の場合は、デンマークが地図の上から消されてしまう、ちょうどポーランドが一七九五年にそうなったように、という可能性は今日ではしばしば忘れられている脅威であるが、その時代では真剣に受け取られなければならない問題であった。

論争の骨格をなすのはスレースヴィである。スレースヴィは、ホルステンといっしょになってドイツの連邦に帰属すべきなのか、それともデンマーク王国に帰属すべきなのか。キールの[2]「ナショナル・リベラル」は、スレースヴィをデンマークから切り離して、すでにホルステンが属しているドイツの連邦に併合させることを望んだ。二通りの解決は、どちらも少数派の問題を含んでいた。多数のドイツ人がデンマークに帰属することを強いられるのか、あるいは多数のデンマーク人がドイツ人になるように強制されるのかという問題である。

グルントヴィは第三の立場の自由主義モデルを支持した。すなわち、そこに住む住民の意向を尊重するという立場である。

「イギリス人がいうように、事実とはいうのは頑固なもので、（……）デンマークの国土はせいぜい言語が話されるところまでであり、明らかに人々がデンマーク語を話したいと望む場所を越えません。いい換えると、それがどこかは知りませんが、スレースヴィ公国の真ん中辺りになるでしょう」(原注4)

したがってグルントヴィは、スレースヴィはデンマークに併合されるべきだと決議したカシー

（2）英語版は、ここを「コペンハーゲンのナショナル・リベラル」としているが、これは歴史的事実に反するので、デンマーク語版原典に従って「キールのナショナル・リベラル」に訂正する。これは、キールの臨時政府を構成する自由主義者たちのことである。

ノ劇場の集会の要求には反対の立場であった。もしそうなれば、戦争が起きるとグルントヴィは語った。しかし、ナショナル・リベラルの議会は聞く耳をもたなかった。数か月後、グルントヴィは詩の形式で自分の政治的立場を雑誌〈デンマーク人〉（一八四八年）に発表した。

すべては一つの「国民」の成員である
母語が甘く響き、祖国をとても愛する者たち
自分をそういう者と見なす者たちならば

ドイツ統一——一つの脅威

スレースヴィの住民たちが将来のデンマークへの併合について意見を求められるべきだ、と主張するのはグルントヴィだけではなかった。一八四八年三月一一日の集会で、作家マイア・ゴールドシュミットも似たような意見を述べ、それはまた反対派の新聞〈コペンハーゲン・ポスト（Kjøbenhavnerposten）〉にも掲載された。しかし、グルントヴィとゴールドシュミットはホルステンの位置づけで意見を異にした。

グルントヴィにとって大変残念なことに、ゴールドシュミットは連合王国維持を望んだ。ドイツ語を話す公国であり、ドイツ連邦に属する国がデンマーク王国に残るのであれば、デンマークにとっては不幸なことになるだろう。なぜなら、そうなれば、のちにデンマーク人が自立した国民となるチャンスを掘り崩すことになるだろうからである。

『時代の記憶の中で』（一八三八年）で力説したように、大昔からドイツが小さな国に分けられていたことをグルントヴィは喜んでいた（同じ考えを、イギリスのサッチャー、フランスのミッテラン、デンマークのポウル・シュリュターは、一九八九年のドイツの再統一のときにもっていた）。というのも、ドイツ語を話す者がみな「唯一の支配者の下に、つまりドイツの皇帝になったナポレオンの下にあると考えてみるなら、フランスのもっとも危険だった時期よりもはるかに恐ろしいものとなる」（原注5）からである。

ドイツが統一すれば「ドイツの戦争機械の怪物」が出現し、きわめて攻撃的な権力をヨーロッパにつくり出すことになるとグルントヴィは確信していた。だから、ドイツ語圏のホルステンをデンマーク王国にとどめることはデンマークの将来を危うくする。ホルステンをめぐる熱い論争において、グルントヴィは〈デンマーク人〉のなかで、普段は肯定的な彼のユダヤ人観から外れて、ゴールドシュミットに対し、「ユダヤ人は、ただデンマークではゲストと見なされているだけなのだから、黙っていろ」と命じてしまい、つまらないただの難癖にうっかり陥ってしまった。

一八四八年、もっとも意見が分かれた主題は、統治の形式というよりもむしろ国家の形式であった。スレースヴィが併合されて連合王国が維持されるべきか、それともスレースヴィが分割されて、北部はデンマーク、南部がドイツに帰属するようにすべきか。

すでに見たように、グルントヴィは連合王国の維持を望まなかった。しかしまた、アイザー川を国境とするナショナル・リベラルの要求も支持しなかった。〈デンマーク人〉（一八四八年）で、彼は自分の立場を明快に説明している。

「最初から私は主張していた。公正であろうが、功利的であろうが、どんな事情であれ、デンマークは公国全部を王国に組み入れることはできない。どんな名目、口実であれ、公国を王国に付加することはできないのだ」

彼はナショナル・リベラルに、南スレースヴィのことは二度と考えないようにすすめた。その理由は、そこがあまりにドイツ的になりすぎたからである。しかし、グルントヴィは、スレースヴィを二つに分ける考えが支持を集めにくいことはよく知っていた。最終的には、スレースヴィの分割は第一次世界大戦後の一九二〇年になされた。

スレースヴィをデンマークに統合させず、スレースヴィの統治のあり方を含むこの問題の解決がいかにしたら可能になるかをグルントヴィはあれこれと考えた。たとえば、イギリス連邦内でカナダに対してイギリスがかかわるようなあり方である。こうした解決案は、また次の問題、すなわち四言語をもち、多民族地域のスレースヴィにデンマークはどのようにかかわるかという問題を引き起こした。デンマークへの同化政策を実施すべきなのか、それともさまざまな国民が自分たちの文化と言語の違いを維持できるようにすべきなのか。

グルントヴィは、ナショナル・リベラルの同化政策にはまったく反対であった。彼はその代わりに、フレンスボーに四つの言語にもとづく民衆のホイスコーレを設立することを模索した。この学校では、デンマーク語、低地ドイツ語、フリジア語、アングル語[3]が使われるのである。

四つの言語を使えば困難が生じることをグルントヴィはよく自覚していた。しかし、人々はこの言語を守るために闘うのではなく、「最良のものを仕事に向け、残りのものを自分たち自身、未来、そして摂理に残すことで我慢すべきなのだ」。したがって、強制される教区教会や義務教育はもちろん廃止されるべきであり、「その結果、言語、そして教区教会や学校での教育に不満のある者は誰でも、その者が望む教育と教化を自由に求めることができるだろう」。いい換えると、そこには文化と宗教の完全な自由が存在しなければならない、ということだ。

実際のところ、あらゆる法規と行政当局はデンマーク語と低地ドイツ語に限定されなければな

（3）これらはドイツ北部、とくにエルベ川以北のドイツ語の方言。フリジア語とアングル語は、古代の西ゲルマン語に属し、英語もその派生になるが、フリジア語はオランダ語、ドイツ語の影響を受け、アングル語は北欧の言語の影響を受けている。

らないだろうし、最高裁のメンバー並びに弁護士はみなデンマーク語とドイツ語の二つとも話すことができる必要があった。

「そして、この二つの職業のそれぞれ最低一人はフリジア語も話せなければならなかった」

グルントヴィの判断は確かに正しいと多くの者はいうだろうが、彼らはそのとき問うだろう。

「おそらく自然ではあるが、まだ誰も入ったことない新しい道に好んで歩み入るような判事、弁護士、牧師をどこで見つけるのか」と。

キール大学でそのような人々を養成するなどという期待はまったくもてなかった。だから、グルントヴィはその代わりとして、公国の中心部にあたる場所に「フレンスボー・ホイスコーレ」を提案したのだ。彼が思い描いた学校は、学生たちが国境地帯で権力のそれぞれの位置づけのために必要な文化的かつ言語的な技術を身につけるというものだった。

その時代はみながそうであったように、グルントヴィはデンマークのものなら何でも高く評価し、それに呼応してドイツのものは何でも低く見た。

「もし、私がドイツ人だったら、［ドイツ人は何でも画一化するから］スレースヴィにある非デンマーク的なものはみな廃絶させるか、もしくはデンマーク化して、われわれのために奉仕させるべきだと確かに考えるだろう。しかし、私は［多様を重んじる］デンマーク人なので、まさしくその方向に反対するのである」と書いている。

デンマーク人は、ドイツ人と同じ轍《わだち》を踏むべきではなく、スレースヴィの非デンマーク的なものをすべて同化するような要求をしてはならない。そうではなく、自分自身の歴史的条件、一般的、言語的、文化的条件において自分自身である権利を人々に認めるべきなのだ。「スレースヴィに住む非デンマーク人は何であれ、デンマークの要素を追う義務はさらさらないのだから、自分自身でないもの、自分が望まないものを要求される必要は決してない」というのがグルントヴィの願いであった。

グルントヴィからすれば、文化の同化の要求は非デンマーク的なのである。デンマークとプロイセンの戦争が終わって、デンマーク政府がスレースヴィのデンマーク化に取りかかったとき、グルントヴィは一八五一年の言語に関する布告を認めなかった。これは、スレースヴィのドイツ語住民にデンマーク語も話させるようにすることを目的としたものである。彼は、グリーンランドを植民地と見なすことにもまた反対した。グリーンランドは独立しており、その点では、自分自身のナショナリティに対する権利はグリーンランド人の承認に任せるべきである。

グルントヴィは「民衆」を歴史の主人公と見なしている。のちに、マルクスが民衆を階級に置き換えた。グルントヴィはその全著作を通して、デンマークの民衆が人類史のなかで重要な歴史の一部を形成すると力説した。初期の著作『学びとその進歩について（Om Videnskabeligheden og dens fremme）』（一八〇七年）では、真の愛国心が「人々を国境の任地に縛りつければ、［その分だけ」彼らの領域を拡張できる」ということを激烈に否定している。

この本よりかなりあとに著した『民衆の文化とキリスト教（Folkelighed og Christendom）』（一八四七年）では、「非キリスト教的で反キリスト教的なナショナリズム」に警告を発した。他方『時代の記憶の中で』では、グルントヴィはドイツの国民革命的な体操「ツルネン」[4]の創始者であるヤーンから距離を置いた。ヤーンが、「あらゆる外国のものに対して深い蔑視をもった際限のないナショナリズム」を若者たちに教え込んだからである。

グルントヴィによれば、外国人を軽蔑する心情と結びついて国民が自己肯定するナショナリズムは愛国心の堕落した形態なのだ。

民衆の教育過程の本来の目標、そのテロス（目的）は、最終的には普遍的な人間であることである。グルントヴィのこの方向をもっとも明快に述べているのが、教育学の最後の著作となった『デンマークへの祝福、デンマークの愚か者、デンマークのホイスコーレにかんして（Lykønskning til Danmark med det Danske Dummerhoved og den Danske Højskole）』（一八四七年）である。ここでグルントヴィは、以下のように己《おのれ》の希望を表明している。

「［デンマーク人は］外国のものであろうが、人間的なものならすべて受け入れる。それゆえ、人間的なものを絶滅させたり、抑圧したりは絶対にしない。その代わりにデンマーク人は、外国人に対してデンマークの国民性が誠実に公開しているものを満たすべきだ。それは、普遍的な人間性を見逃さないためである。なぜなら、民衆に関するすべてのものが、当然ながらそして最終的に、そのゴールと説明を見いだす場所がデンマークだからである」

国際的に比較してみても、グルントヴィはまさにすべての国民形成者のなかでもっとも重要な人物の一人と見なせるだろう。しかし、このことで彼はナショナリストになるのだろうか。答えは、ナショナリズムの概念をどのように定義するかで決まる。この概念にはさまざまな形態があるからである。

デンマーク国家とデンマーク国民の支持者であるという点では、もちろんグルントヴィはナショナリストである。しかし彼は、ナショナル・リベラルの拡張主義的ナショナリズムは拒絶した。国民意識の自民族中心主義と多元主義の形式を区別するなら、グルントヴィは、いくつかの自民族中心的な特徴はあれど、実際には多元主義的であった。国際的な視点から見れば、グルントヴィのナショナリズム（原注6）は驚くほどリベラルで決して狂信的愛国者ではなかったと歴史家ウフェ・エスタゴーは述べている。

（4）今日の器械体操にあたる身体運動、マスゲームで、国民意識を涵養するためにヤーンがドイツの青少年のナショナリズム教育の一環として考案したもの。

エリート民主主義——もう一つの脅威

ナショナル・リベラルとグルントヴィの意見の違いはスレースヴィ問題だけではなかった。一般民衆への見方も同様に違っていた。グルントヴィはヘルダーの民衆のナショナリズムに啓発されたが、ナショナル・リベラルはヘーゲルの国家的ナショナリズムとそれに付随する考え、すなわち国民の意思は文化的エリートによって管理されるべきだという思想に深く影響されていた。事実、彼らはエリート民主主義の形式を求めたが、それは自分たちが国家を運営するエリートであると見たからである。

この考えは、オルラ・レーマンによってもっとも明快に定式化された[5]。彼はヴァイレ［ユラン半島東部の都市］で行った一八六〇年の演説で、「農民の友」運動を鋭く批判している。彼は、利益を求める政治を追求するのは一般的な権利であるが、この運動はその権利の乱用だと見なしたのである。

「デンマークは、一八四八年に権力をすべての人民に譲渡するという大胆な試みを遂行した。それはしかし、無教養な農民たちの手に国家の運営を委ねるためではない」

もちろん、農民たちは選挙権をもっている。だが、実際の権力は「教育を受けた人々、富裕層、知識人たち」に帰属するのだ。

一八六四年、プロイセンとの戦争で破局的な敗北を喫したのち、民衆は民主主義に対する脅威を示すという考えが新たに勢いを得た。グルントヴィは再び演壇に立つ。彼は八三歳になっていたが、上院で特権階級が政権に近づくことを全力で阻止しようとした。

スレースヴィとホルステンの二つとも失ったあと、デンマークに残された二つの憲法、「一八四九年五月制定の憲法」と「一

（5）もともとはナショナル・リベラルによってつくられ、チュアニングを会長とした農民解放運動の政治組織であるが、ホイスコーレ出身者たちがリーダーとなったためにグルントヴィなどを精神的指導者とした。

デンマーク上院（1953年廃止）

八六三年一一月制定の憲法」(6)があるという事実が問題になった。この状況を改善するために、一八六四年の対プロイセン戦争の敗北の責任が誰にあるのかを決める論争が生じた。責任はナショナル・リベラルにあるのか、それとも「農民の上着で覆われた絶対主義」にあるのか。この後者の表現は下院で何人かの議員が一般民衆を指すときに用いたもので、彼らは農民が権力を不正に使ったことを批判したのである。

グルントヴィは、上院議員になって政治的な経歴を再開した。彼は議会の適格性を制限しようとした「一八四九年憲法」の改訂案に反対する左派の代表者となった。この憲法は下院の普通選挙にもとづくものであったが、改訂案では選挙権は制限される見込みとなり、そうなると土地所有者たちが議会をコントロールできることになる。

グルントヴィによれば、普通選挙こそは社会にとって大変に価値のあるものだから、「いったん民衆がそれを法的に所有した以上は、いかなる犠牲を払っても手放すべきではない」。新しい選挙法の提案により、「この上院は、少なくとも民衆の目からは普通選挙にまったく根ざしていないのですから、特権、財力、金の計算に本来根ざしていると思えます。特権、財力、金の計算は、どのみちデンマークでは決して『民衆的なもの』ではないのです(原注7)」。

グルントヴィの最後の演説の一つは、民衆の反乱を煽動するものにさえ近づいている。民衆は「毎日の平和と安寧」を求めているにもかかわらず、「選択がなされるとき、緩やかに死ぬか自殺するかのどちらかしか選べないのであれば、生を求めてしばらくの間、厳しく闘うことのほうがまだましです(原注8)」と、民主的には選ばれていない上院が人々をそのように説得することを期待した。

グルントヴィの反対もむなしく、通称「エストロップ憲法」といわれる憲法案は上院下院ともに通過した。のちに、上院議員のA・F・チェアニングもまた憲法案に反対し、七月二六日にはこの二人の上院議員が国王に謁見して、憲法案を通すために必要な王の署名をさせないことで制定を止めるという最後の抵抗を試みた。だが、この試みも失敗した。グルントヴィとチェアニングは他の議員たちに感謝されて反対票を得た。法案に対する反対票のすべてが、「われわれの公的な生活における彼らの全努力、とくに憲法問題についての彼らの仕事へのもっとも温かい感謝(原注9)」を表していた。

一八六六年六月一六日は上院での最後の演説の日だったが、グルントヴィは上流階級の代表たちを非難した。憲法をめぐる議論のとき、彼らのうちの数名がグルントヴィに質問した。

「『民衆』とは誰のことか」

グルントヴィは彼らに答えるために、この最後の機会を利用した。

---

(6)　一八六三年のいわゆる「十一月憲法」は二院制をとり、上院があった。ただし、選出方法が富裕層に限定されていたためにリベラル派の反対を受けた。最終的にリベラル派は妥協し、一八六六年に修正案としていわゆる「七月憲法」が制定された。

「われわれはみな民衆によって選ばれているのだから、個人的な責任のもとで、民衆の名前において話す権利をもっているというのが私のシンプルな考えです」

上流階級の代弁者は「民衆の名において」語るという考えの受け入れが難しいと感じる。なぜなら、彼らは自分たちを「民衆に属する」とは見なしていないからである。その一方でグルントヴィは、民主主義における政治的な正当性は、ただ民衆と国民を引き合いに出すことによってのみ得られるとはっきり理解していた。

民衆対エリート、民衆対大衆というものが、グルントヴィの政治哲学を構成する二つの極である。この文脈なら、以下のことを語る価値があるだろう。すなわち、二〇世紀を通じてもまた、「大衆」は（大衆）心理学や社会心理学のなかで、とくに第一次世界大戦以後のヨーロッパの再編成において、何度も語られたテーマであり続けたということである。

一九一九年のヴェルサイユ条約において、「民族の自決権」というリベラルな原理は国際標準として定着した。結果的に、たくさんの君主制国家で、大衆（農民たち）は一気に臣民から共和国の市民となった。逆に、不幸にしてこの結果は、安定した民主主義を大戦間に確立することができなかった。チェコ・スロヴァキアを除けば、農民たちは、中央ヨーロッパ、東ヨーロッパにおいては機能的な民主主義に統合されることに成功しなかった。(原注10)

一八四八年、絶対王政としての国王が退いたあと、デンマークの農民が新しい民主主義にうまく統合できるように奨励したのは、もちろんグルントヴィ一人だけではなかった。しかし、このプロセスのなかで彼が教育の必要性を絶えず主張したことは、疑いなく大きな貢献の一つであった。

彼の第一の目的は、「大衆」に次の考えを促進させることだった。すなわち、彼らは「民衆」に属し、民衆なら普通教育と啓発、そして民衆のホイスコーレという新しい学びの形式を要求するという考えである。グルントヴィ自身の、ソーレーに学校を造るという計画は結実しなかったが、最初のホイスコーレは「レディン・ホイスコーレ」として一八四四年に開校し、たくさんの学校があとに続くことができた。

このタイプの学校が真に根づいたのは、一八六四年の「大惨事［プロイセンとの戦

レディン・ホイスコーレ（真ん中の人物が原著者のオヴェ・コースゴー）

争の敗北」」以降である。一八六四年と一八七二年の間に五〇以上の学校が設立され、その大多数は農業をカリキュラムに含んでいた。「農民から民衆へ」というスローガンは、前世紀の中葉にしばしば採用された。それは、ホイスコーレで学ぶ男女の若者たちの目標だったのである。

一八四八年一〇月二三日の憲法制定議会は、デンマークに一般的な憲法を翌年与えることになった。この絵は、のちの一八六〇～六四年に画家コンスタンティン・ハンセンによって描かれたものである。

この日、グルントヴィは出席していなかったのだが絵には描かれている。彼が選ばれたのは、翌月のプレストでの補欠選挙だった。にもかかわらず、画家は消尽点にグルントヴィを置いている。新しい民主主義はグルントヴィの生と民衆の考え方にもとづくべきだということを認めているのだ。

第６章　立憲主義対コモンロー（慣習法）

民主主義の歴史を書けば、過去でも現在でも、民主主義と立憲主義の緊張した論争的な関係を含まざるをえないというのはよくあることだ。立憲主義は、一九世紀デンマークの政治史を理解するための中心的な概念である。それは法律による統治、すなわち恣意的な規則に対立するものとして、法律によって制限された統治を意味する。この制限は君主に課されるかもしれないし、君主制あるいは民主主義にせよ、どんな政治的なシステムが適用されるか次第であるが、民衆にも課されうる。それゆえ原理的には、立憲主義は民主主義がなくても存在できるし、逆もまたしかりである。

　個人の自由は、法と国家の憲法のなかに組み込まれた自由の基本的な権利を通して保障される。デンマーク憲法の父たちは、そのような憲法によって国王の権利を制限しようと試みた。この憲法は君主制と民主主義の両方の要素を含む「混合」憲法であった。実際、ナショナル・リベラルは憲法を求めて闘ったが、これは君主を制限はしても「民衆」がいささかの政治的な影響力をもつことさえ許さないようなものだった。

グルントヴィとナショナル・リベラルとの間にあった戦線は、民主主義か絶対君主制かというものではなく、立憲主義かコモンローかというものであった。コモンローのもとでの判断は、コモンセンス、民衆の常識にもとづき、そこからスタートする。イギリスは書かれた憲法をもたない。しかし、成文法、慣習法をもち、これが王国の統治の仕方を定めるのである。

イギリスの植民地化は地球の広いエリアを自己の権力に吸収したが、それに応じて、植民地にもこのコモンロー・システムが導入された。今日では英国連邦を構成するほとんどの国々が慣習法による裁判を採用している。

イギリスの政治的伝統はグルントヴィに強力な影響を与えた。それが意味するのは、グルントヴィは政治的思想としての立憲主義に対してはなはだ批判的な態度を貫いたということである。以前と同様、しばしばグルントヴィは自分の考えを明快にするために諺《ことわざ》を用いた。その一つが「衣装が人間をつくる」である。これは少なくとも仕立屋がいうことだが、しかし仕立屋はまちがっており、しかもそのことを知っているのである。なぜなら、「人が衣装をつくる」ことを彼は知っているからである。

これと同様に、自由な人民をつくるのは立憲体制であるという人々がいる。しかし、グルントヴィにいわせれば、彼らは自分がよく知っていることに比べて、多くをいいすぎなのだ。なぜなら、憲法をつくるのは自由な人民であること——もちろん、これは彼らのイメージのなかであるが——を、本音では知っているからである。

　グルントヴィは、形式の重要性をあまりにも盲目的に信じ込むことを警告した。最善でもっとも美しい形式ですら、ある地点に来ると崩壊するのであるから、立憲体制もまた失望に導くだけであるというのがその理由である。したがって、紙に書き込まれたものよりも心に書き込まれたもののほうがはるかに重要なのである。

　〈デンマーク人〉（一八四八年）のなかの記事「デンマークの国家憲法と立憲体制について（Om Constitution og Statsforfatning i Danmark）」で、グルントヴィはさらに詳説している。

「われわれが知っていることは——デンマークに住む者なら誰もが知っていることだが——われわれは牛や羊のように群れで追い立てられているのではなく、自発的に同胞とともにいるかぎり、それは常にある種の友愛のためであり、最悪の共通利害よりもむしろ最善の共通利害のためだということだ。この謂《い》いのなかにあるのは、地上のすべての人々と王国にとっての唯一のよき憲法体制である。そのような体制は、人の生と同じくらい大きな多大の利益をもつ。なぜなら、記録にとどめられないところですらもすべての人々の心に刻み込まれているからである」

　この点で、グルントヴィはルソーに匹敵する。ルソーは『ポーランド統治論』（一七七二年）〔永見文雄訳『ルソー全集』（全一四巻、別巻二）白水社、一九七九～一九八四年の第五巻所収〕で、ポーランドの安定を保障できる唯一のものは「ポーランド人の心の中に」[原注1]共和国を設立することだと力説したからである。

グルントヴィの思考の基本的原理は、民心は［書かれた］憲法体制よりも重要だという考えである。そうすると、一八四九年に民主主義が導入されたとき、彼は新しいデンマーク憲法をどのように評価したのだろうか。アンビヴァレント（両義的）というのがその答えである。

「もし、われわれが憲法によって人々をつくり直すことができたとしたら、すなわち金持ちはみな気前よくなり、貧乏人は倹約家となり、怠け者は働き者になり、浪費家は節約するようになることができるのならば、それはもちろん明日ではなく今日しなければならないことだろう」

しかし、それは不可能である。われわれが法律の力を借りて人々をつくり直すよう努力したとしても、それは「大きな不幸」に終わるだけのことだとグルントヴィは〈デンマーク人〉で述べている。

他方で彼は、一八四九年憲法に採用された自由の権利を支持した。だがその反面、その仕方はいくらか「非デンマーク的」であり、フランス的あるいはドイツ的な思考法があると考えた。実際のところ、グルントヴィはこの憲法に賛成票も反対票も投じなかった。〈デンマーク人〉の次の言葉で、この決断を正当化している。

「そのような憲法案に反対票を投じるべきではない。というのも、そうしてしまうと私が意見を共有したいとは思わないような人々、すなわち憲法が含むよりもより少ない市民の自由、より大きい市民の不平等を望むような人たちと私を同類にしてしまうからである。だからといって、賛成票も投じることはできない。私見では、この憲法はデンマーク人の趣味に合わず、それゆえ、よい結果よりもむしろ害を与えるだろうからである」

ここで考えられる害とは、この憲法がいかなる発展もたやすく旧式の形態に閉じ込めてしまうことがありえるというものである。

憲法の目的は、アメリカ憲法（一七八七年～一七八九年）に見られるように、それが長い期間、数十年あるいは数世紀にわたって効力をもつということである。いかなる法律よりも改訂が困難でなければならない。しかし、過去を見るかぎり、デヴィッド・ヒュームのような哲学者たちはこのような原理の正しさを疑った。というのも、過去に死んだ者が今を生きている者を縛るのは不合理だからである。

デンマーク憲法は、改訂がきわめて難しい。いかなる改訂も議会を通過しなければならない。その際、議会は改訂案通過以後、いったん解散し、新憲法は新しく選ばれた議会によって批准される必要がある。最後は国民投票が行われ、変更のために必要とされる賛成票は過半数で、選挙権をもったすべての市民の最低四〇パーセント以上の数でなければならない。

社会とその市民が絶えず憲法改訂を行うと、形式と内容の目立つ不整合が生じる可能性がある。この不整合の例を二つ取り上げてみよう。デンマーク憲法第三条にはこう書いてある。

「立法権は国王と議会に、執政権は国王に、司法権は裁判所にある」

だが、一八四九年の当時はフレゼリク三世で国王であるが、現在ではマルグレーテ二世で女王である。憲法には、女王の規定がないのだ。二番目に、執政権は国王ではなく政府にある。ここでは君主の役割は形式的なもので、議会で決定された法律に署名をするだけである。

こういうふうにして、憲法の条文と代表としての政府のあり方、民主主義、機能とのギャップが生じてきた。それゆえ、憲法はきわめて包容力がある。この問題はある程度まで、憲法を書かれた法規の体系と見なすか、それとも一般的に受容された書かれざる規範の表現と見なすかということにかかっている。

デンマーク憲法は、法的な現象としてのみ見るのではなく、法的な次元はそこではいくつかの視点の一つにすぎないという意味で社会の現象としても見られるべきであるという考え方なら、グルントヴィは疑いなく賛同したであろう。

見てきたように、ナショナル・リベラルが焦点をあてた一九世紀中葉の立憲主義に対してグルントヴィは批判的であった。二〇世紀になると立憲主義は、デンマークの政治史においてはもはや中心的な概念ではなくなる。しかし、第二次世界大戦後、ドイツ連邦共和国は、そのなかに強い立憲主義の傾向をもった憲法を採択した。国民投票を何度もして自分の路線を進めたヒトラーの経験を反省し、新しい憲法は人民の権力を制限することを意図した。実際［ドイツでは］、国民投票は政治的手法としては廃止されている。

［デンマークで］立憲主義が再び社会的議論の中心となるのはEUの発展を待ってからだった。

デンマークでは、二人の憲法の教授、イェルテ・ラスムッセンとヘニング・コックの間で激しい論争が起きた。ラスムッセンは論文「憲法の怠慢と高度な国際経済のパフォーマンス、その結合はあるのか」のなかで、デンマークでは幸運にも立憲主義が浸透しなかった、デンマーク人は「法ではなく人によって（原注2）」統治されることを好むと論じた。

一方、コックは、全体的にはこの判断があたっていることは認めるが、だからこそそれが問題なのだと見なした。コックは論文（原注3）のなかで、グルントヴィと彼の影響をデンマークの例外主義の説明として指摘している。

「グルントヴィがデンマーク人の精神と心すべてにわたって今日まで与えてきた深い、部分的には無意識にまで与えてきた影響を過大に評価することは単純に不可能である」

しかし、グルントヴィの思想は実践に移されることで、「外に失いしものを内に獲得せん」のスローガンの下に国民形成に寄与してきたのだ。

「グルントヴィが駆使する、心を奪い、魅了する言葉と比喩が、今日のデンマーク人に広く行き渡った外国人嫌いを応分に説明している」ことをコックは疑わない。コックはグルントヴィの立憲主義批判を指摘したが、私の意見では、デンマークにある外国人嫌いの責任までグルントヴィに負わせるのはまちがいだと思う。この不安の形式は、グルントヴィの思想に影響されていないヨーロッパの他のどの国でも増大しているように見えるからである。

コペンハーゲンのビスペビャウにあるグルントヴィ教会は、牧師、詩人、民衆教育家N・F・S・グルントヴィを記念して建設された。教会の南西の角にある礎石は、一九二一年、グルントヴィの誕生日である九月八日に設置された。

五人の石工が尖塔を建設し、一九二七年一二月一一日に聖別の儀式が行われ、尖塔教会の名前で一時的に使用され、その間に残りの外陣と地下室が完成した。建物全体の聖別式は一九四〇年九月八日に行われた。

第7章 政治思想家としてのグルントヴィの重要性

グルントヴィの死後、彼の継続的な影響を観察すると、一番の驚きは、彼の人生、思想、影響について、広い範囲にわたって多様な解釈が存在することである。

彼は一八七二年に墓地に葬られたが、その時点は、「グルントヴィ主義者たち」が左派と右派に別れて両者の間で意見の相違や対立が生じる前だった。その後、この対立はほとんど原理のように今日まで毎日続いている。

すでに一八七五年、教会史の教授であるフレゼリク・ハメリクが『グルントヴィと統一左翼党、記録と報告（Grundtvig og det forenede Venstre, en Redegørelse og et Vidnesbyrd）』を著し、一八七六年には牧師ニールス・リンベアの『グルントヴィの政治的位置（Grundtvigs politiske Stade）』が続いた。右派のハメリクが、グルントヴィは統一左翼党[1]とは異なっていたと主張するのに対し、左派のリンベアは、グルントヴィの見方と統一左翼党の考えには一致点があったと論じた。

一九三〇年代には、たくさんの右派のグルントヴィ主義者たちが反議会主義を強く表明した。とくに一九三三年には、ある者たちは国民の共同体を刷新するものとして国家社会主義さえグルントヴィに見た。なぜなら、ナチスのイデオロギーには、グルントヴィ主義と共通する多くの基本概念があったからである。たとえば、民衆（国民）、国民の精神、国民の教育などが含まれる。

ホイスコーレ校長のオーゲ・メラーは、牧師アナス・ノアゴー、新デンマーク統一党党首アルネ・セーレンセンといっしょに、「民衆の文化（folkelighed）」の概念は自由主義の明確な拒絶にもとづいていると論じた。一九三七年、セーレンセンは雑誌『時代（Tidehverv）』にこう書いている。

「今日学ぶべきは自由主義の死である。しかし、まったく異なった基礎の上に自由を求めてわれわれは闘うことができるし、また闘わなくてはならない。今日のヨーロッパにおける厳しい闘争は、人間の精神的な自由、良心の自由、神における自由とかかわらねばならない。自由主義と自由はきわめて異なっているのに、自由が一九世紀の自由主義と混同されるかぎり、大きな誤解が帰結するだろう（原注1）」

こういう考えでは、イギリスからヒントを得たグルントヴィの自由観と距離をとることは難しいだろう。

戦時中では、グルントヴィ主義左派の代表的な論者の一人が、社会民主党を率いたフレゼリク・ボルビャウである。一九三三年、教育大臣として彼はグルントヴィ生誕一五〇周年の式典で演説をした。そこで彼は、グルントヴィこそはこうした反民主主義的な傾向に対する防波堤であると語った。

「グルントヴィは、啓蒙の世紀の真の息子であり、ドイツ人から多くを学び、その意味では『見習い』である。(……)しかし、彼が支持したのはビスマルクやヒトラーのドイツではない。デンマークの民衆が今のところナチズムやファシズムに毒されることがありえないのは、少なからず教育に対するグルントヴィの巨大な貢献のおかげなのである(原注2)」

ボルビャウは、グルントヴィがいかに「自由な民衆の民主主義ともっとも広範な選挙制の熱烈な支持者になったか」を語る。

ボルビャウの観点は、もう一人の社会民主党員ハルトヴィ・フリッシュに引き継がれた。彼の本『ヨーロッパの疫病(Pest over Europa)』(一九三三年)は、全体主義イデオロギーに対抗するものとして北欧の民主主義を対置している。

農民こそが「政治の民主主義を創造した者たちである。その名誉は彼らのものだ。これを安定

---

(1)　一八七〇年に議会の左派勢力を中心に結成された政党。グルントヴィ派の農民代表が多かった。大地主などを支持基盤とする保守党に対抗して名前を「左翼党」としたが、マルクス主義などの影響は受けていないので、労働運動に立つ社民党と区別して、国外では中道の「自由党」と訳される。

して構築し、社会民主主義の基礎を置いたのは労働運動である」（原注３）。

フリッシュはこの書物を首相トアヴァルト・スタウニングに捧げた。カンスレアゲーデの彼の住まいは、左派、右派、中道の政党が集まり、一九三三年一月三〇日に共通の政策に合意したことで伝説的な地位を得た。この日は、ドイツでヒトラーが政権をとった日でもあった。

ナチスが勢力を得るにつれて、「国民」か「民衆」かの概念をめぐる論争はより激しくなった（２）。ヒトラーにとって「民衆」はラディカルなカテゴリーである。国家の第一の任務は、純粋な人種の維持を保障することである。採用された方法は絶滅であり、大量虐殺である。これが成功すれば、ヨーロッパの「再構築」が人種原理においてもたらされる。

ナチスの「総統」概念もまた、人民が主権者から従属者の地位に貶められることを意味する。この文脈を詳細に論じた一人がドイツの哲学者マルティン・ハイデガーであり、彼は一九三三年にナチス党員となり、フライブルク大学の学長となった。「共同体の自己中心的な意識」はあらゆる民主主義にある問題だと彼は論じ、この問題は総統の意志と人民の意志とが双子の概念と見なされるときに解決されるとした。

ハイデガーによれば、総統が人民を追従者に転換するとき、共同体は「存在」にもたらされる。グルントヴィは熱心に君主制を支持したが、その支持した多くの年月の間ですら、人民のそのような理解を弁護するようなことは決してなかった。それは、彼の有名な言葉「王の手と民衆の声」。

両者は強力でかつ両者とも自由だ」に見ることができる。

大戦中の時代、民主主義のために人民・民衆の概念を守ることを目的としてなされた論争に社会民主党員が参加した。それは、デンマークの継続にとって本質的なことだった。この文脈で、スタウニング首相による党の綱領「民衆のためのデンマーク」が、「民衆」をデンマーク社民党の基本概念にしたことは重要な意味をもつ。

ボルビャウ、フリッシュ、スタウニングは、全体主義イデオロギーに屈することがいかに危険かをよく知っていた。それゆえ彼らの戦略は、「民衆」と「国民」に対する人種差別的で反ユダヤ主義的な定義から距離を置くことであり、それは社会的、国民的、民主主義的な問題の間の、ほどくことのできない結びつきを強めることで可能だった。（原注4）

（2）デンマークは一九三九年、ドイツと不可侵条約を結んでいたにもかかわらず、ナチス・ドイツは一九四〇年四月九日、デンマークに侵攻して占領した。デンマークの政治的独立を保障したために、デンマーク政府は抵抗せず占領を受け入れた。共産主義者たちは地下に潜り、レジスタンス運動をはじめた。一九四三年、ナチスはデンマーク系ユダヤ人の移送を命じるが、デンマーク市民は自らの危険も顧みず、七〇〇〇人のユダヤ人を中立国スウェーデンに逃亡させた。第二次世界大戦中のデンマーク国民の英雄的行動である。占領末期には、戒厳令が敷かれ、人民ストライキで抵抗して多くの被害者も出た。

ロキはトールと同じ自由をもつべきか

第二次世界大戦後、グルントヴィとイギリスの自由主義との関係をめぐる激しい論争が巻き起こった。これは、以下の三つの要点にまとめることができる。

❶グルントヴィは保守的であり、反リベラルであった（エリク・メラー）。

❷グルントヴィは、イギリスの自由主義の影響で、一八二〇年代の終わりに自由主義者になった（カイ・ボーゴー）。

❸グルントヴィは確かにリベラルにはなったが、それは自由主義者を意味しない（カイ・タニング）。

グルントヴィの有名な言葉「トールだけではなくロキにも自由を」をめぐって、民主主義についての原理的な議論もまた第二次世界大戦後に起きた。民主主義では、善人と同じ自由が悪人にも許されるべきなのか。別のいい方をすれば、ナチスは彼らの計画を遂行するために他の者たちと同じ自由をもってよかったのか、ということだ。

デンマークの全知識人が一九四五年から四六年にかけて、この問題を議論した。そして、みなが同意したのは、意見と行動を区別するということだった。民主主義では、行動の無条件の自由は何の問題もない。しかし、意見の自由は無条件でよいのか。あるいは、民主的な自由はファシズムのような危険性から民主主義を守るために制限されるべきなのか(原注5)。

教会史の教授ハル・コック、行政法の教授ポウル・アナセン、著名な建築家ポウル・ヘニングセンは表現の自由は絶対であるとしたが、哲学教授イェルゲン・イェルゲンセンとレジスタンス闘士のモーゲンス・フォウという二人のコミュニストは、民主主義は自己を防衛する権利をもつと主張した。民主主義の自由は、何でも自由というものではない。民主主義の利益の維持と両立可能なものだけに自由が許される。イェルゲンセンは以下のように述べている。

「グルントヴィの危険な信条：トールだけではなくロキにも自由は、私見では、民主的な社会のモットーとはなりえない。せいぜい、アナーキーな社会のモットーであろう」

モーゲンス・フォウもまたそれにつけ加えて、グルントヴィのこのモットーをいう者はみな、「民主主義の権利を危機に追いやるのを手助けしているようなものだ。彼らは、自分たちの敵が強力になることを許しているのだから」と書いている。

コック、アナセン、ヘニングセンは、この民主主義理解に意義を申し立てた。表現の自由の禁止や制限は逆効果になるだろう。そんなことをすれば、人々をたやすく禁断の実に導くことになる。

この制限という理解は、反対に自己矛盾を引き起こす。すなわち、「民主主義の利益に反するもの」を決定するのは誰なのかという問いである。グルントヴィの考え「トールだけではなくロキにも自由を」ならば、民主主義の利益に反するものを決定するのはつねに統治する多数派とはかぎらないだろう。アナセンによれば、自己防衛のために民主主義を制限すれば、それはあらゆる政治的な反対派を抑圧することになってしまう。

「この場合だと、この古老の『トールだけではなくロキにも自由を』には痛烈な鋭さがある。どんな政治的見解でも、たとえそれが民主主義を転覆させるようなものであっても、議論することは認められるべきだということである」

ヘニングセンにとってもまた、反民主主義的な意見や政党を禁じることは滑りやすい斜面への第一歩であった。

「われわれが表現の自由と政治的な自由に手をつけてしまえば、民衆のルールを守る唯一の堤防に穴を開けてしまうことになるだろう」

それよりは、教育を与えるのがもっとよいと彼はいう。

「教育を通じた民主主義こそが、ナチズムの危険に対して有効な第一の武器になるだろう。それは民主主義を制限する代わりに、民主主義を拡げ、促進するという利点をもつ」

ヘニングセンはまた、次の点も指摘している。すなわち、グルントヴィはかなり高齢になってから議員となったが、それは不敬行為やポルノグラフィーに対する処罰が増大するのに反対票を入れるためだった。

「なぜなら、彼は民主主義者だったからである」と。

政治学に対するグルントヴィの重要性

最後に、政治学の中心問題に対するグルントヴィの関係、そして次節では、デンマークの政治家たちが彼をいかに引き合いに出し、利用したかも検証してみよう。それにしても、政治理論学者たちの概説書や大学の政治学のカリキュラムのなかには、なぜ彼は出てこないのだろうか。

それに答えるためには、二つの要素が考察されねばならない。一つには、グルントヴィは、カント、ヘーゲル、ロールズのような体系的な理論家ではなかったということがある。二つ目は、名称が示すように、政治学が民衆や国民よりも国家や政治制度により関係する学問であることだ。

にもかかわらず、最近では多くの政治思想家たちが「民衆・人民」の概念をテーマにしはじめたということは興味深い。たとえば、アメリカの政治哲学者ジョン・ロールズ、イタリアの政治思想家ジョルジオ・アガンベン、アメリカの批評家マイケル・ハート、イタリアの政治哲学者アントニオ・ネグリ、そしてドイツの政治概念史の専門家ヤン・ヴェルナー・ミュラーなどがそうである。

一例を挙げよう。ジョン・ロールズによれば、「国家」論だけでは十分ではない。『万民の法』（一九九九年）［中山竜一訳、岩波書店、二〇〇六年］では「人民（民衆）」の理論を設定する必要を説いている。さもなければ、われわれは政治体制の「道徳的性格」に確固として依拠できないだろう。彼は「人民（民衆）」を、国家、領土、道徳性、記憶の［四つの］統一体として定義している。国家が利害によって統治されるのに対し、自由な民衆は道徳的な判断で統治される。「人民（民衆）を国家から区別するもの、そしてこれこそが肝要なのだが、それは人民（民衆）が、他の人民（民衆）を自己と対等なものとして、自己とまったく同じ正当な尊重と認知を彼らに喜んで与える用意があるということである（原注6）」

これが意味するのは、ロールズは最終的に「人民（民衆）」の概念の助けを借りて、自由で社会的な国内構造を正当化したということだ。

アガンベンによれば、近代社会は「人民（民衆）」の二つの理解の闘争によって特色づけられる。すなわち、疎外された人民（民衆）か、主権としての人民（民衆）かという理解である。『ホモ・サケル』［高桑和巳訳、以文社、二〇〇七年］では、彼は以下のように強調した。

「『民衆』という術語の政治学的な意味は、どんな解釈であっても、近代ヨーロッパの言語ではこの言葉はまたつねに、貧民、無産者、排除された人々という意味を含んでいたという単純な事実から出発しなければならない。それゆえ、一つの術語が政治的に国家を構成する臣民と、法律上ではないにしても事実上、政治から排除される階級を指すことになる（原注7）」

　グルントヴィの全活動は、この二つの対立する内容を一つに統合する長い努力だったと見なすことができるかもしれない。

　ハートとネグリにおいては、「民衆」は自然な単位でもなく、経験的な単位でもない。民衆の頭数を数えても「民衆」に至る道は見いだせない。反対に、民衆は国民国家的な民主主義のもつ代表メカニズムの産物である。だが、「帝国」と呼ばれる新しい超国家的な権力に関係した権威によって国民国家が弱められるならば、同様に代表メカニズムも弱められる。ハートとネグリの考えでは、このことが意味するのは、民主主義がだんだんと国民国家から自由になり、それ自体が帝国に結びつけられるということである。それゆえ彼らは、人民主権の原理にもとづく民主主義と、彼らが「マルティチュード（multitude、民衆）」と呼ぶものにもとづく民主主義とを区別する。

「多様のなかの統一」を褒めそやすいかなる哲学にも彼らは反対する。しかし、そのことによって、彼らがマルティチュードを大衆とか群衆と見なす意図がないことを指摘しておくのには意味があるだろう。ちょうど、グルントヴィが民衆と群衆を区別したように、彼らもマルティチュードと群衆を区別する。大衆や群衆とは正反対にマルティチュードは組織されており、活動的で自己組織化された行動者として主張されている。(原注8)

ヤン・ヴェルナー・ミュラーは、著書『競争的民主主義――ヨーロッパの二〇世紀の政治思想(Contesting Democracy. Political Ideas in Twentieth Century Europe)』（二〇一一年）のなかで、「人民（民衆）」は二〇世紀を通して論争の屋台骨となったことを示した。全体主義イデオロギー、共産主義、ファシズム、ナチズムはみな政治的民主主義における主役として「人民（民衆）」を挙げた。それらはみな同じように、基本的な政治原理は平等であるとしてその形式を論じた。それゆえ、イタリアの政治哲学者ジョヴァンニ・ジェンティーレは、ファシズムは民主主義のもっとも正当な形式であると称した。なぜなら、ファシズム国家は「人民の国家であり、そういうものとして優れた民主主義国家だからである(原注9)」。

一般的には、第二次世界大戦の結果は民主主義の勝利と見られている。しかし、ミュラーが指摘するように違う見方も可能である。すなわち、民主主義を通じてのコントロールが、衝突のあとにその基礎を得たのだ、と。

たとえば、ヨーロッパ諸国は国家の浸食に対抗して個人の人権の宣言を採用した。法律による広範囲のコントロールが与えられた憲法裁判所を得たのはドイツだけではない。似たような制度がヨーロッパの各国に生まれた。この角度から見れば、ファシズム党とナチスの行き過ぎはあまりに民主主義が少なかったから生まれたものではない。民衆をコントロールすることがあまりに少なかったがゆえに生じたものなのだ。問題は、市民の自由が不足していたからではない。大衆の自由が歯止めをかけられることなく狂暴に振る舞ったことにある。

グルントヴィも、この大衆への危惧を共有していた。しかし、彼はそれらをチェックしようとしたというよりも、むしろ本質的な自己制御を発展させるための手段として大衆を教育することに全身全霊を賭けたのである。

政治家にとってのグルントヴィの重要性

グルントヴィは政治学の分野では大きな役割を演じることはなかったとしても、デンマークの政治家は彼を引き合いに出し、それに従って自分を位置づけることに熱心である。それゆえだろうか、二〇〇二年、社民党員のスヴェン・アウケンは新聞に次のように書いた。

「われわれの多くにとって、グルントヴィの民衆、自由、共通善の考えは、依然として重要なイデオロギー的基盤をなしている。グルントヴィの重要性のなかでもとくに傑出したものは、現在でも妥当すると思われ、また現代の福祉社会でも力を発揮している。グルントヴィの重要性は、右翼左翼を問わず影響を与えている。事実、われわれはグルントヴィのインパクトについての現代の議論から今日でも利益を得ているのだ。しかし、それがむなしい言葉だけで終わってはならない。私は、グルントヴィの遺産とその性質を未来の使用のために基本的に論争の主題としたい」

アウケンによれば、グルントヴィは近代の福祉社会の重要人物の一人となる。その時代、左派のグルントヴィ主義者は社会民主党と社会自由党（急進左翼党）[3]に自分らの考えを見て、他方で右派のグルントヴィ主義者は自由党（左翼党）に重きを置いた。学校と教会の領域におけるデンマークの法律が現在のものになった理由は、少なからずグルントヴィの影響がある。

二〇〇五年、デンマーク首相アナス・フォ・ラスムッセンはグルントヴィとキェルケゴールについて講演をし、そのなかで彼自身、一九六〇年代に左翼が自分たちのために主張したグルントヴィ像を問題だと思ったことを告白した。しかし、のちに彼は、一九八三年、グルントヴィの生誕二〇〇年を記念して出版されたカイ・タニングの伝記『グルントヴィ』を読んで意見を変えた。彼はいう。

「一九六八年の社会主義イデオロギーにグルントヴィが立ち寄ることを強いられたあと、古いグルントヴィが戻ってきたことが私にわかった」

ラスムッセンは、彼の帰り道を見つけたのである。

「私が成長期に農場で直観的に感じていたグルントヴィの姿に戻ってきた」

ラスムッセンがとくに感銘を受けたのは、グルントヴィの自由の必要性の主張だった。

左派のアウケンが平等を強調するのに対し、右派のラスムッセンはグルントヴィのもっとも偉大な遺産は自由だと力説する。だが、自分の政治的な立場を支えるためにグルントヴィを引用するのはこの二人だけではない。自由党国会議員エスベン・ルンデ・ラーセンは、二〇〇一年から二〇〇七年の間、議会での演説において、議員たちが自分の意見を援護するためにグルントヴィをどれだけ使用したかを検証している。

右派左派問わず、一一人以上の傑出した政治家が、それぞれ異なった力点とグルントヴィについてのさまざまな背景知識を使って、自分の意見の援護のためにグルントヴィを利用したのである。とくに使われたのは以下の三つである。

❶宗教の自由、思想の自由を含む自由。

❷一般民衆（folkelighed）という根拠、デンマーク社会の統治。

❸デンマークの特色（danskheden）と自由とのつながり。[原注10]

（3）一九〇五年に左翼党（自由党）から別れてできた中道左派政党。英語名では「社会自由党」とされる。分散型社会を志向し、反軍国主義をとり、市民の政治参加を奨励して、教育の自由も重視する。ホイスコーレ運動の中心的な政治政党ともいえる。デンマークの政治では左派と右派のジョイント役をすることが多く、社民党中心の連立政権、自由党中心の連立政権両方に参加したことがある。

歴史的人物——伝説としてのグルントヴィ

よくいわれるように、グルントヴィは歴史的人物でもあり、また「グルントヴィの祖国」での伝説でもある。もちろん、彼が消えてなくなることを望むような人々もいる。それゆえ、国際政治学教授エーリング・ボイルはかつてジョークを述べたことがある。自分はグルントヴィの祖国で生きるのに耐えられなかったから、フランスに住んだ、と。

しかし、主な傾向は、どんな議論であれ、グルントヴィをある一面にとどめておこうとする今も続く試みであった。たとえば、デンマーク性、デンマークのアイデンティティ、デンマークの教会、公立学校、そして少なからずフォルケホイスコーレであった。

グルントヴィを引き合いに出すことは、議論に正当性を与えることになる。グルントヴィ自身が決して直面しなかった、あるいは直面できなかった問題に対してでさえも、彼はよく利用される。EUや移民の問題などがそうである。

一九七二年、デンマークがＥＵに参加するのを決める国民投票で、グルントヴィは反対票を投じたのか——これは多くの者が主張する立場である——、われわれはそういうことはもちろん知りえない。だが、しばしば忘れられていることは、決定的な状況においては、新しい社会の挑戦と問題の帰結として、一八四九年憲法に見られるようにグルントヴィは自分の考えを変えたということだ。彼は採決を棄権したにもかかわらず、一八六六年にはその憲法を精力的に守った。

また同じく、外国人がデンマークに移住することについて彼がどういう決断をしたかも知りえない。われわれが一八四八年の彼の有名な次の言葉を知っていたにせよ、である。

「民衆（国民）については、自分を次のようになす者はみなあてはまる。母語が優しく響き、祖国を愛するような者であると」

グルントヴィの思想をはなはだ特色づけるのは、自由と義務の間での遊びである。

かくして、グルントヴィはデンマークの偉大な国民形成者の一人となった。彼以上に、身分議会から議会による統治への移行に貢献した人物はデンマークにはいない。しかし、今日では実際のところ、「民衆（国民）の時代」は消えつつあるのではないかという疑問がある。民族学の教授トーマス・ホイロップによれば、「民衆（国民）」はもはや歴史の主人公ではなく、同じように労働者階級もまた主人公ではない。われわれはそれにまだ気づいていないのだ。ホイロップはいう。

「われわれはまだ民衆（国民）の時代に生きており、国際的なシステムはまずは民衆（国民）から成り立つ[原注11]」という幻想を多くのデンマーク人がまだもっている、と。

もし、民衆（国民）の時代が終わったというホイロップの主張が妥当とするなら、伝説に包まれて自分を正当化してくれるものとしてのグルントヴィの栄光の日々は終焉を迎えるだろう。グルントヴィの評価がある特別な時代の単なる代表にすぎないものにまで引き下げられることは決してないだろうが、今日まで、かなりの程度民衆の時代を体現した人物であり続けた。

トーマス・ホイロップは重要な点を指摘しているが、私は「民衆（国民）」に「さようなら」をいえるかどうかはまだ疑わしい(原注12)。現在は、かつてのグルントヴィの時代よりもいい意味で立憲主義には肯定的であるかもしれない。しかし、立憲主義を肯定したからといって、「民衆（国民）」が政治システムの中心的な要素であり、この政治システムが依然として「民主主義」と呼ばれるのなら、「民衆（国民）」こそがそれを継続するという確信は変わることはない。

第2部

関連するグルントヴィのテキスト

フェンリス[1]はアスガルズ[2]で育った。最初はこの狼は小さく無害だったが、急速に大きくなるにつれて神々を脅かすようになった。神々が制御できるように、狼は縛られていなければならなかった。そのとき、ただテュール[3]だけが、自分が腕を狼の口に噛ませるから、その間にロープで縛れと約束した。それはゲームに何か不正があったときの担保であった。フェンリスはそれに応じた。ロープがフェンリスの首を縛り、それを維持したとき、テュールは手を失った。

グルントヴィが書いたように、この北欧神話は精神のなかにある力を象徴している。同じ洞察をフロイト、ユングをはじめとする二〇世紀の精神分析学者たちも行った。彼らは抑圧の研究で心理的なものの力とエネルギーを発見したとき、これを描写するために神話に戻ったのである。

グルントヴィとホイスコーレは、こうした神話に深く支配されている。とくに、北欧神話のオーディン[4]とトール[5]、テュールとロキ[6]、フレイ[7]とフレイヤ[8]、アース神族[9]と巨人族[10]が影響を与えている。これらの神話は、学生たちが個人の善よりも共通善を求める必要性を学ぶときの道徳的な物語と見られている。この絵は、一八六五年にエルンスト・トリーアによって創設されたヴァレキレ・ホイスコーレにあるものである。

第8章　北欧神話、歴史的・詩的観点から展開され、証明された象徴的言語（一八三二年）

わが北欧の同族に贈る韻文の手紙

そうだ、巨人族の子どもたちよ
汝の恵みを理解せよ（原注1）
各自の靴型を打て

（1）北欧神話に登場する狼の姿をした巨大な獣。ロキが父親。アース神族に災いをもたらすとされ、最後は最高神オーディンと戦う。この章の原注は、神話の人物の説明、グルントヴィの詩の解釈などをしているものが多いので、原注も参照されたい。
（2）アース神族の暮らす王国。
（3）北欧神話の軍神。片腕がない形で描かれることが多い。

自由こそはわれらに一番奉仕するもの
自由は水や火、
疫病、飢餓、浪費のようなものではない
だが、自由はまた狼や熊でもなく
同じく大人になった子どもでもない
彼は分別をもって
実在しない国にうまく合わせる
そこでは、継母が二度と子どもを狼や熊に変える（原注2）ことはないが、
そこでは、むしろ野獣のような者が
たいていは民衆の顔をする
この者らは自由が何であるかがわからない
悪人がすることをただするだけ
この者らは敵にだけではなく、
善良な者たちすべてにも自由に悪意を向ける
人間のなかの野獣たちはあえて
自分らの精神的な高貴さに不満をこぼすのだ

自由こそが北欧の合言葉たれ
トールだけでなくロキの自由も
自由こそは新しい世界の言葉
この世界が言葉をこの地上に創造した
学びの国、思考の国、信仰の国
目に見えるものは、たいていは海岸のようなもの
そこでは、風のなかで白い山頂(原注3)が見えるだけ
ただ戦いのなかでこそ生がかき立てられる
そこでは、たとえ力が蒸気(原注4)のなかに覆われようとも

---

(4)　アース神族の最高神。戦争と死の神。
(5)　アース神族の雷神。最強の神とされる。ハンマーを武器として持つが、浄化の働きももつ。
(6)　北欧神話のトリックスターの神。邪悪な面をもち、嘘が得意。火を神格化したものともされる。
(7)　アース神族の神でフレイヤの双子の兄。妖精の支配者。
(8)　アース神族の神で美、愛、豊穣の神。フレイの妹。
(9)　北欧神話の神の種族。巨人族と戦い、最後は滅亡する。
(10)　ヨトゥンヘイムに住むアース神族と対立する巨人族。太古の大自然の荒々しい破壊的な力を象徴するものとされる。

声は叫ぶ「戦いこそわが人生」と
学びの海、思考の海、信仰の海
自由がなければそこはアース神の墓場だ
地位をめぐって(原注5)力ある神々たちが戦うとき
花開き揺れる草原にも似て
城館と天にも届く山々で輝く
アース神、エルフ(11)、ドワーフ(12)たちが満ち
手が届くところよりもはるか上にそびえ立つ
あるいは、空高く飛ぶ鷲の目(原注6)よりも上に
北欧のアース神の国として
真の生きた言葉(原注7)への深い尊敬を呼び覚ます
フェンリスをラグナロクの戦い(原注8)へと解き放つ
知恵をもった者のみがそれを自由と呼ぶ
ただ、父(原注9)だけがフェンリスに
その口を使えと命じることができる者
そのとき、父ロキはブラギ(原注10)やトールのように自由なのだ

羽根がある言葉の巨大な監獄
知識でからかわれた戦う神々は
眠りから目覚め勝利を求めて戦いに向かう
精神に由来するすべてのもののための自由は
決して変わることなく拘束によってよりかき立てられる
秘密にされていた最悪のものが現れても
トールのハンマーで制御されるだけだ
それゆえに、遠かろうが近かろうが子孫たちよ
スケリーズ諸島[13]のわがままな海岸に決してわれらを立たせるな
ただ、言葉と精神だけで戦わせよ

（11）北欧神話、ゲルマン神話に出てくる種族。森や泉、地下に住み、美しい外見をもち、不死で、自然の豊かさを象徴する。「妖精」とされることが多い。北欧神話では、光のエルフと闇のエルフがある。民間伝承では若い女性の姿をして塚などに住み、夜その周りで踊っているが、一緒に踊ると精気を奪われるともされる。

（12）ドヴェルグとも称される。地中を好み、岩穴で暮らす。神々と対立するが、匠として魔力のある道具や武器をつくることができる。

（13）アイルランドとイギリス（リヴァプールが近い）の間にある諸島。

手では決して触れえずつかめないものだけで
ただ、腹を空かせた野獣（原注11）にわれらを結び付けよ
この野獣は高貴なものを空隙に埋めようとする
誇りをもって片手でたじろがずに立つ者はテュール（原注12）
ロキは力なく英雄をあざけるのみ（原注13）

グルントヴィのイギリス旅行（一八二九年〜一八三一年）の最初の主要な成果は、新しい神話学、『北欧神話、象徴的言語』（一八三二年）である。とくに、長たらしい序文がグルントヴィのイギリス体験の直接の結実と思われる。

一八三八年の秋、彼はヨーロッパの歴史と一七八九年のフランス革命についてボルクの公会堂で五一回の連続公開講義を行った。この連続講義は、学問界でグルントヴィの存在と彼の思想の広範なブレイクスルーを引き起こした。

五年後、またこのホールに戻り、一八四三年の一一月から一八四四年の一月半ばまでギリシャ神話と北欧神話の類似点について講義した。ヨハン・トマス・ルンビュの一八四三年のこの素描は、男女の聴講者たちが真剣に集中して聴いている様子を捉えている。

第9章
『時代の記憶の中で――一七八八～一八三八年』
――最近の半世紀の歴史についての講義（一八三八年）

自由について（一八三八年七月二日）

お集まりのみなさん！

　自由はいかなる黄金よりも素晴らしい
　世界のすべてが黄金で満たされたとしても
　自由とは比べものにならない
　われわれの望むことは自由に負うているのだから

古い『リムクロニケ』（原注1）の、この素朴な表現が美しくもあり、真実でもあると確かに同意できます。しかし、私たちは自由について意見が一致することが非常に稀《まれ》であるのはなぜなのでしょうか。それは、自由は火と同じようなものだからです。すなわち、古代ギリシャ人が正しくも語ったように、自由はすべての芸術の母であり、あらゆる傑作の条件なのですが、自由をあまりに多くもちすぎると、それはすべてを破壊することにもなりうるものなのです。

私たちにとって自由の問題を非常に複雑にしたのは、もちろんドイツの哲学者たちでした。彼らは事物が感性界でどのように関連し、どのようにあるのかに注意を払わず、事物が存在するということは何か、たとえ事物そのもののなかではないにしても、彼らの観念のなかに、すなわち彼らの頭の中に存在するということは何かを問うたのです[1]。

「これらの観念が感性界にうまく適合しなくても心配には及ばない。なぜなら、観念がうまく事物をつくりだせば、観念に応じて感性界を創造するから」と、同じ哲学者たちが私たちを慰めても何の役にも立ちません。

聴衆のみなさん、こんな慰めは実際何の役にも立たちません。なぜなら、一切のものは排除され、われわれが確かに生きるその日が決してないことは予測できますから。ライプニッツだけではなくヴォルフも死にました。カントもフィヒテもヘーゲルも亡くなりました。彼らは、その問題を明らかにすることのないまま死んだのです。明らかにしていたら、彼らはこの観念の転換をはじめることができたでしょう。

確かに、シェリングはある意味ではまだ生きています。しかし、彼は「創造」の問題を明らかにしないにしても、その問題に関与することはとうの昔に断念しています。そして、いずれにせよ、彼の世界のなかでは自由はかなり疑わしく見えるうえに、彼の概念に従えば、私たちの知るかぎりでは自由は必然性の内に没落するだけなのです。

他の多くの問題と同様、この問題に関してはイギリス人の助言を仰いだほうがよいでしょう。それは、少しは鈍く冷たく聞こえるかもしれませんが、少なくともそれを聞く意味と自由があります。というのも、私たちがよく知るように、それは「自助努力せよ」ということなのですから。これは、ドイツの思弁《しべん》に関して、私たちがほとんど忘れかかっているものを思い出させてくれます。すなわち、フランス革命が解決しようと試み、キリスト教のどの国民も今やみなが同意するはずの重要な問題は、自由と必然あるいは自由と強制が、観念の世界で互いにどのように関係しているか、あるいは理論の構造において最善の形でどのように現れるかという［ドイツの哲学者がこねくりまわしたような］問題では決してないということです。というのも、どの理性的な

（1）ドイツ哲学、とくにカント以降のドイツ観念論は、外界の事物は主体（超越論的な自我）のア・プリオリ（先験的）なカテゴリー、図式と知覚データの総合によって構成されるもので、世界が先にあるのではなく、世界は主体によって構成されるものと考えられる（いわゆるコペルニクス的転回）超越論哲学を説いた。この立場だと、客体との関係は客観的に実在するものとの関係ではなく、超越論的な主体のなかでの知覚とカテゴリーとの関係となってしまう。グルントヴィはそうした思考法を批判している。

国民もその問題について同意するかしないかは学者に任せるでしょうから。

むしろ、それよりも大事な問題は次のものです。すなわち、ブルジョア社会（これは学者の共和国とはかなり異なるものです）、つまり市民社会にとって最善のものは何か、自由かそれとも隷従かという問題です。そして、共通善に対して与えられた時間と与えられた場所において、一つの憲法体制、法律、公的な制度はいかなる改善が必要で、いかなる改善がありうるかという問題です。この共通善は、もちろんどの市民社会にとっても、書かれてはいないにせよ不変の基本法です。

みなさん、イギリス人のアドバイス、冷たく聞こえるかもしれない「自助努力せよ」が、他の国民に与えうるもっとも賢明でもっとも親切なアドバイスになるのがここなのです。フランス人もまた、私たちにこれとはまったく違うアドバイスを与えました。いわく、「みんなわれわれの真似をしたまえ」。

しかし、経験の教えるところでは、フランス人のこのアドバイスは役に立ちません。ルソーはリベラルなフランス人にとっては政治的な神託を与えた人で、イギリスの自由を可能なかぎりあざけった人でもあります。奇妙なことに、そのルソーがフランス人に、フランスのアドバイスではなくイギリスのアドバイスを与えるのです。そして、彼は宣言をします。

奴隷になることを許しているフランス人のような文明化された国民は、彼らが自由と呼ぶものの能力がない。しかるに、現在、議会の議員を選挙で自由に選ぶ唯一の国民であるイギリス人は、この自由のまちがった使い方をしているので、まるで自由をもっていないように見える、とルソーは説明しています。[2]

前に私たちは、ルソーを貶めるためであるにせよ、あるいはもち上げるためであるにせよ、フランス革命の責任をルソーに帰するのはまったくの愚の骨頂であると見ましたが、彼がこうしたフランス至上主義者を見たならば、その者たちに反対していたことは疑いないでしょう。

この「ジュネーヴ市民」、ルソーは自分をこう呼ぶだけではなく、ジュネーヴ市民であることに誇りをもっていましたが、彼はいわゆる「作家の虚栄」を免れている人物ではまったくありませんでした。思慮深い熟練の作家なら、自分が人から称賛されるときには、作品が表面的にしか読まれていないとか、反対に、完全に誤読されているのは明らかだというように、過度に自己否定的であるからです。

（２）ルソーは『社会契約論』第三篇第十五章「代議士または代表者について」のなかで、一般意志である主権は代表されることはできず、したがって、人民の代議士は人民の代表者になりえず、代理人でしかないとしている。彼らの決めた法律は人民の代表者でないのだから、人民が承認したものではなく、無効になる。それゆえ、選挙を取り入れているイギリス人は選挙のときだけ自由で、選挙後は議員の奴隷となり、自由を失っていると批判している。グルントヴィはこのルソーの批判を踏まえている。

かくして、みなさん、イギリス人の理解とルソーの理解の両方に従えば、市民社会の物事において外国の人々を真似するのは馬鹿げたことになります。人々が自分自身や自分の国を、まず自分たちのイメージや好みに応じて変容させることができて初めて、彼らは賢いのです。それゆえ、現状のかぎりでは、イギリス、フランス、ドイツとデンマークには大きな違いがあります。住民の言語、思考、能力、欲望などが大きく異なっているのです。だから、それらの国のなかの一つの憲法体制と法規が最善であるといっても、それが他のある国にも適合できるわけではありません。

もし、私たちが市民感覚において何が一番よくわれわれに適合するかを発見するために、一時間か二時間熟慮したとしても、時間がよりよく使われるとは思えません。というのも、明らかにこの問題についての一定の態度をとる時機が今こそ私たちに来ているのですから。そして、私たちがとる態度が、世の終わりまで、私たちの子孫すなわちデンマークにとって計り知れない影響をもつでしょう。

しかしながら、今、私がそこに座って一時間か二時間、デンマークではすべてをどのように編成できるかをじっくり考えなければならないとしたら――それは「偉大な発見」をし、私の計画の途上に立ち止まっているすべてのものを解体して、その結果、私と私の友人たち、そして私たちの支援者たちが自分の望むことを何でもできる自由を得るためなのですが――、そのように考えるとしたら、そのとき、私は我慢のならない尊大な学校長であることでしょう。いや、むしろ大馬鹿者といったほうがよいかもしれません。それにもかかわらず、私が多くの者を魅惑する力、情熱、そして知恵をもち、少しの間、校長を演じるならば、そのとき私は、確実に将来にわたるまでデンマークを不幸にすることになるでしょう。

その一方で、デンマークがかつてよりも幸福と感じるようになるかどうかは大きな問題です。みなさん、このことだけが正しいと思いますか。私の頭が足りず、現在の偉大な思想と国家の永遠の目標を把握できないからという理由で。あるいは、デンマーク人の本性と自然、国と人々の自然の資源、そしてこれまで起きてきた歴史的な発展について私がよく知らないという理由で。

この発展とは、私たちが現在到達した段階、私たちが望みおそらくは達成できる目標、そして行くことができ、かつ行かなければならない段階のことですが、私がそれをよく知らないがゆえに、みなさん、本当にデンマークの幸福のみが真実だと思いますか。それとも、以下の理由で、私にむしろ同意するということはないでしょうか。

すなわち、私たちはみな、デンマーク人の本性と歴史について頭が足りず、あるいはまったく知らないので、非常に大きな委員会、そして国民の議会全体に国家の統治を任せるならば、私自身がするのと同様にうまく運ぶということです。なぜなら、民衆がみな無知だから、それについていかなる知恵も出てこないだろうという単純な理由からです。

これはまったく当然のことで、誰もが予測できると思うかもしれませんが、経験が明らかに示すのを無視してそう考えるのは難しいのです。それゆえ、この問題を考えても私たちには益はないと私は考えてもよいのでしょうか。それとも、フランスではうまくいっておらず、賢明なフランス人を真似しても何も得ることはできないという理由で、すべてを運命に任せるか、あるいは国王とその取り巻きに任せるのが一番よいのでしょうか。デンマークを改善すべきなのかどうかについて彼らに任せ、あるいは改善がありうるかどうかについて将来の状況に任せてよいのでしょうか。聴衆のみなさん、答えは「否」なのです。

私は、決して任せよなどと語ったわけではありません。私が語ったことから生じるのは、「共通善」について、少なくとも今あるよりもはるかに私たちはよりよく教育されなければならないということでしかありません。それは私たちに、国家の憲法、法律、あらゆる公的な制度を意のままにできる権力が与えられる前にすべきことです。

こうした問題についての適切な教育の制度をもっていないのであれば、まず何よりも、こうした機関を推進しなければなりません。「民衆のホイスコーレ」(原注2)で私が意味することがまさにこれであり、われわれの時代の市民が必要なものです。こうした民衆の絶えざる啓発がなければ、国王や彼の取り巻きであろうが、国民評議会や国会であろうが、一般の市民に何が最善であるかを知らせ、把握させることはできないのです。

これが、フランス革命が日の如く[3]明らかに証明していることだと私は主張したい。証明するまでもないことですが、賢明な人々は自分の家を壊してから初めて、それがどんなに不便に造られていたのかということ、彼らがもっとよい家を自分のためにつくりあげることができること、そしてそれが用意されるまで滞在できる場所はどこかを知るのです。

フランス人は、主権が群衆の手に落ちることを防がずに国王から主権を奪いましたが、これが愚かなことであるのは誰の目にも明らかです。群衆はすべてを破壊しましたが、代わりのものは何一つ構築できませんでした。ただ一つ、ギロチンを除いては。群衆の考えに賛同しない頭は、すべてギロチンで切り落とすのです。たぶん、フランスでは事態が非常に悪化していたので、政治の誤りに対する防御手段のなかでは一番極端なものを採用せざるをえなかったのかもしれません。そういうものとして、疑いなくギロチンがありました。

私は「たぶん」といいます。なぜなら、起きてしまって変えられないことを今さら議論しても仕方ないからです。しかし、私たちがおそらくうらやましいとは思えず、むしろ避けてよかったと思わざるをえないものこそが、フランスの不幸なのです。そして、私たちのところではそうい

（3）原語は「soleklar」。グルントヴィがこの表現を好むのは、フィヒテが同じ意味のドイツ語「sonnenklar」を使っていたことが原因の一つであろう。

うひどい事態が決して起きませんでした。たとえ寝ていたとしても、私たちはそれを目で見ることができるほどですから［すなわち、デンマークではそういうことはありえないということ］。

ヨーロッパの国民はみな前世紀を通してそうしたまどろみに耽り、それゆえ、半分は目が見えないためにすべてを破壊することを必要と見なし、その場所に再建されるはずのものを若干の偶然に任せていたのですが、太陽の下のいかなる他の国民よりもデンマークの国民がそのようなまどろみから目が覚めていたとすれば――私はそうは思いませんが――、私たちは目をこする時間をもち、あらゆる側面から事態を見ることがうまくできるはずでした。

そうして初めて、私たちは人工的な機械の中心的な部分の修理ができるのです。経験が教えてくれるのは、機械をバラバラに壊すのはやさしいが、それを集めて再びうまく組み立てるのは難しいということです。

このことは、ラテン語の教育によりあてはまることです。私たちは過去何世紀もの間、これに苦しめられてきました。（原注３）その強みは、ただ破壊することにありました。ちょうど、この世紀の最初に私たちの偉大な詩人が歌ったように。

　　すべてを破壊すること、それは今の者が完璧にできる
　組み立てること、そうさ、それは次の世代に任せればよい

私たちが新しい技術を検証しはじめる前に、真に目覚め、成熟した思慮を使うために、どの国民よりもよい時期をもつということがほとんど許されたということ、これは私が以前に触れたように、私たちが偉大な知性をもつからではなくただの幸運なのです。私たちは他の国民と同じく、一七世紀を通してずっと眠らされておりましたから。国内外の敵に対して夜も寝ずに荒々しく警戒していたとき、たとえば、スウェーデンのカール・グスタウとの戦争（4）のときは、私たちは不幸と思っていたのですが、今ではそれが幸運であることがわかります。

嵐が過ぎ去ると私たちはすぐさま再び眠りはじめました。そして、まもなく国王の顧問会議から舵取りを奪いました。顧問会議は、船が風に向かってリスクを抱えて進んでいるというのに、自分たちのためだけに奉仕し、国王だけにしか信頼を向けていないからです。国王自身の利益と名誉は、彼が可能なかぎりうまく舵をとるところにあります。

（4）　スウェーデン王カール・グスタウの時代は、スウェーデンは拡張政策をとっており、過去の戦争のいきさつもあり、デンマークは一六五七年にスウェーデンに宣戦布告した。五八年までが第一次カール・グスタウ戦争になり、コペンハーゲン近くまで迫られたデンマークの申し入れで講和条約（ロスキレ条約）が結ばれる。しかし、半年後、スウェーデン王カール・グスタウはこれを破棄して再度攻撃を仕掛けるが、デンマークの根強い抵抗にあう。その間にカール・グスタウが亡くなって、一六六〇年にコペンハーゲン講和条約が結ばれる。これが第二次カール・グスタウ戦争である。

そして、一六六〇年、デンマークの聖職者と市民たちが王国顧問会議への賛意をいわば宣言し、絶対的な権力を国王に譲渡したのははなはだ奇妙なことです。彼らは自分たちのことを考えるだけではなく、抑圧された農民階級を国王の父権的な扱いと王室の配慮に任せたのですから。

そうです、みなさん。デンマークの王国顧問会議と一六六〇年の革命[5]を一七八九年のフランス革命と比べれば比べるほど、私はデンマークの革命をより称賛せざるをえません。そして、中世の混乱のあとでは革命は避けられないものであったにしても、この革命は天然痘のようなもので、普通は早くにかかればそれだけ楽にしのげますが、年をとってからこれにかかると、下手をすれば致命的になりかねないということが私には明瞭になりました。

私たちがフランスで状況を絶望的なものにしたのは何かと問えば、それは国家の負債や絶対君主制ではなく、貴族、聖職者、議会が自分たちにあらかじめ与えた権威、権利、そして彼らの自由なのです。国王は、これを制限するにはまったく無力でした。というのも、国王は市民階級に対抗するためにこうした勢力を必要としたうえに、シィエスが国民議会で正しく述べたように、とくにルイ一四世の時代から、彼らは国民の九六パーセントを占める市民階級を抑圧し、搾取することを共通の利害としてきたのですから。

六月一七日の三つの有名な決議、すなわち市民階級のスポークスマンが国民議会を宣言し、税金を認可する権利を要求し、国家の負債をすべて引き受けたこれらの決議をこれまでの文脈で考察するならば、そのとき、日の如く明らかになるのは、市民階級はそれによって国家の負債を支払うことができると宣言していることです。そしてもう一つ、この決議とテニスコートの誓い（原注4）（これらは彼らが王国に確固たる憲法を与えてしまうまでは分けられてはなりません）でいわれている唯一のことがあります。すなわち、絶対王政と和解してはならないこの唯一のこととは、国民議会の課税の権利であり、決してフランス国王には認められないもので、国王が貴族や聖職者に課税しようとしたときに議会が抵抗してきたものなのです。

国民議会の議決を放棄する代わりに国王が議会に賛同するか、もしくは議会と交渉して自分の絶対的な権力を制限されない形で保持するならば――そのことは、全員が等しく課税され、能力のある者なら階級を問わず、みな等しくすべてのポストに就くことができ、そして自由な市民の声、世論が王国の憲法となるという条件の下で国王が権力を保持することを意味します――、そして、国王がそのようにし、国民議会も賢明にして謙虚に民衆の側に立って合意に達していたならば、革命のあらゆるテロ行為は避けられ、フランスははるかに幸福で、現在よりもはるかに安定した憲法体制をもっていたと考えてよいでしょう。

革命の初めの頃、何が耐え難いことだったのかをティエール（原注5）に尋ねてみるとよい。それは、自

（5）第2章の訳注4を参照のこと。

由な国土のおよそ三分の二が貴族や聖職者によって占められ、残りの三分の一が土地の税金だけではなく、荘園の使用料、十分の一税その他を負担しなければならなかったことです。そして、あらゆる官吏、聖職者、軍隊の高位の地位は貴族層、しかも一部の家系だけに占有され、食物の税金はほとんど下層階級に課されて、無慈悲に彼らから集められていたのです。

商人や職人たちでさえ、特権がなければ移動さえできませんでした。最後に、あらゆる裁判の一部は貴族と聖職者の手にあり、また一部は法律家の手にありました。彼らは議会の議席を金で買い、その権利を高い価格でまた売っていたのです。

今や、私はよく知っています。民衆がかつてあった状態とは違っていたとしたら、何が起きたであろうかと語ることは意味がないということを。それは、最初から彼らが違うように振る舞うと想定しなければならないのですから。

同様に、ルイ一四世と国民議会のしたことは、本来彼らが望まなかったことで、「望んだとおりだったとしたら」今よりも悪いことは多く避けられ、今よりもよいことが多くなされたと仮定するのも意味のないことです。しかし、フランスの惨事を引き起こした原因が何かを見ることは意味のないことではありません。そして、とくにその惨事を引き起こした原因を私たちが免れており、デンマークの国会が一六六〇年に国王に認めた君主制によって、私たちが自由になっていたということを知るのはうれしいことです。

一八三五年に［デンマークの］「国民議会（National-Forsamling）」（身分制地方議会）(原注6)が招集された時代と、一七八九年のフランスの国民議会と奇妙な一致点があるのがわかります。両者とも、民衆の声が真剣に考慮されるようになってからちょうど一七五年が経っているのです。幸運にも、似ているのはこれだけですが。

私たちはこれを「身分議会（Stænderforsamling）」とも呼びますが、明らかに何の権威もなく、政治的な意味ではもはや身分を代表したものではありませんでした。貴族も聖職者も全権委任されたわけではなく、ただ財産所有者と高額納税者が召集され、初めから単なる議会をつくっただけにすぎないのです。

この議会では、聖職者の状況は選良というよりも制限されていて、貴族は農民と大土地所有者と混在してほとんど見当たらず、いわゆる自由荘園税が課され、農民の状態は大幅に改善され、彼らがほとんどすべての地位や職に就くことができ、それらが万人に解放されていることがわかりました。そして、国王にはこうした改善をすべて実行する力も意欲もありました。彼がそれらの改善を十分に説明でき、時期に叶っていると見るかぎりでは、これらの改善は依然として必要であるか、もしくは有益であるに違いなかったのです。

みなさん、おわかりかと思いますが、国民議会が自分たちの望むことをすべて見いだしたというのは私の意見ではありません。むしろ、彼らが見たものよりはるかに多く、私たちは不足していると思っています。

私の意見、私が全面的に確信し、じっくり考えて主張したいことは以下のことです。すなわち、彼らがより詳しく見れば、それだけより細かく彼らは把握するのですが、彼らが発見して知ったことは、他のところでは民衆を絶望に導くものすべてがすでに時代のなかに消えてしまい、そして市民社会が必要とし、かつ受け取ることができる改善への道が時宜にかなって敷き詰められているということなのです。

そうです。彼らがじっくり考え、準備をするならばすぐに、国民議会の設立において改善が開始される保障が与えられるのです。ですから私は、この確信を、まだもっていないわが同胞のすべてに伝えたいと思います。その理由の一つは、それが私の確信であり、またもう一つには、デンマークの幸福への貢献に勝るものはこの世界には存在しえないと確信するからであり、それ以外のものはみなデンマークの幸福のためにはあまりに無力であるからです。

民衆の立場から見ると、新しいヨーロッパの国家の外見をそこまでひどいものにしたのは貴族と聖職者の特権であり、部分的にはブルジョアや都市市民の特権もまたそれに荷担しました。彼らの特権が実質上廃止されたところならば、自由な市民の世論とフォルケホイスコーレこそが、市民の問題をもっとも穏健かつ安上がりで、そのうえ幸福な形で自然な均衡状態にもたらし、共通善と共存できるすべての市民的自由を促進し、かつ保障するものなのです。

こうした幸福な状態に導く道をならしてくれるものが父権的な絶対君主制であるとすれば、この継続と使用を保障してくれるのも絶対君主制なのです。フランスとデンマークの最近の歴史を比較すれば、このことは明瞭にわかると私は主張します。

ヨーロッパの新しい革命はもちろんこのことをより明瞭に示すにせよ、私は民衆のためには革命が起こらないことを望みますし、デンマークのためには既存の経験がこの真理を与えてくれたという確証だけで私たちは満足しなければなりません。私たちは、父権的な絶対君主制と自由な民衆の声の二つを動かせない基本法と見なすべきであり、これがあってこそ、人は他者を否定することなく、他者との関係を強固にして啓発していくのです。

税金を課すかどうかは、昔は民衆に権利がありました。そして、これは君主が自分の人格のなかに維持している同じ権力とうまく協調できたのです。とくにイギリスでの事例が教えてくれることは、新しい命令を出すときは、つねに民衆の声を考慮すれば、決定的な声をもつ国王によって王国がもっともよい形で機能するということです。というのも、そうであれば、富裕層が自分たちの負債の大部分を貧民層に押しつける機会を見いだすという悪政になることはほとんどないでしょうから。

そして、一般民衆が「立法権力」と呼ぶものは、人が「執行権力」と呼ぶものと現実にはまったく切り離されうる権力ではなく、むしろそれがなければ権力の壮麗さを失い、その意義のすべてをたやすく失う王冠の宝石のようなものです。立法権、というのもそれは権力ではなく権利だからですが、この立法権は国王の権利です。そして、教養ある人々が自分自身自由をもたない国王のもとにいるならば、真の自由を期待はしないでしょう。

全世界の歴史は、デンマークの歴史と同じことを教えていると私はあえていいたい。すなわち、国王の手が縛られているとき、自由な言論と何でもしてよい自由を求めるのは、民衆ではなく抑圧者なのだということです。

他方で、国王が自分はこの国で一番自由な人間だと正しくもいうことができ、民衆が国王をそのようにしたからこそ国王が自由であるなら、だからといって権力と機会が許すかぎり、国王はすべてをなしえる権利をもつと想像することはおそらくできません。彼のなかに高貴な血が流れているかぎり、国王は自分の国民を自分に可能なかぎり自由で幸福にするように呼びかけられていると感じなければなりません。そのときこそ、国王の頭に乗せられている王冠を担うことが喜ばしく、自由な人間の行為によってのみ勝ち得られた遺産が不滅の名誉となるのです。

真の市民的自由のいかなるものが国王の自由と調和できないのでしょうか。民衆の自由と絶対君主制は相容れないと主張する者たちに、私はしばしば問いました。そしてまた、私が自分で自分に与えることのできた答え以外は受け取らないと決めて、世界の歴史に真摯にこの問題を問いました。その答えは次のようなものでした。

自分自身の法律を制定することが本来の民衆の自由であると仮定するならば、国王が法律を制定するという考え方と民衆の自由は当然ながら調和できないということです。ここで私は、テロが横行した時代のパリの群衆を例外として、ある国民がかつて本当に自分自身に法律を与えたのか、あるいは与えうるのか、という問いにはかかわるつもりはありません。また、イギリス議会やノルウェー議会が法律を制定するときに、国民は結局自分たちの法律制定者を選挙で選んだだけでしたが、そのこと自体は、彼らが国王を法律制定者として選んで、自分自身に法律を与えたのと同じことだということを強調するつもりもありません。私が指摘したいのは、ただ次のことだけです。

一つの国に法律の制定者がたくさんいればいるほど、個人の考えも偏見もそれだけたくさん自己主張することが予測されるに違いないということです。そして、一人あるいはたくさんの法律制定者（立法者）の下で、いかにしたら市民的自由が与えられ、保障されるかをじっくり考えるために、私が市民的自由の中心的な要素と呼ぶものを挙げておきましょう。

私だけではなく、私が思うにまじめな人々がみな少なくともそれなしではやっていけないもの、すなわち良心の自由がそれです。市民的自由のもう一つの基本要素、私が価値を置くものは行動の自由です。三番目の基本要素は、人が人格的自由と呼ぶもの、すなわち身体の自由です。

「ドイツとドイツ精神」（一八三八年一〇月二六日）

お集まりのみなさん、今晩お話ししようと思うのは、ドイツ的なものそれ自体です。これは、一八一五年から一八二〇年にかけて、私たちの耳にうるさく鳴り響いたものでした。しかし、やましさをもたないために、まず初めにみなさんに、グルントヴィといえば、ドイツ人並びにローマ人、すなわち神聖ローマ帝国とローマ帝国に対する宿敵であるという評判をもっていたことを思い出していただきたいと思います。諺《ことわざ》にあるように、「火のないところに煙は立たない」のです。ですから、この問題に関しては、他の多くの問題と同じく、私には歴史的な公平さがあまりないと思われます。

だからといって、私の本の多くが結論づけているように、ドイツが非常に悪いものだと思わないでいただきたい。一つには、私の本がしばしば表面的に読まれているからであり、またもう一つには、私の言葉すべてを天秤で量るには、日常の言葉の使用では扱いにくいという理由があります。

第一に、それはドイツ人の人間性について何かを語っているわけではありません。経験が明らかに示すように、ドイツ人にもっとも自然にある考え方と相容れないことだけを語っているのです。二番目に、ドイツ人のなかには私などよりもはるかに優れた人物がいるだろうし、実際、いたというふうにも私は考えています。三番目に、ドイツは近代においてヨーロッパの自由と啓蒙の双方において優れた点をもっていると考えます。ですから、全体的にいえば、ドイツ人は、ドイツの外でもデンマークでも、私がもつほどのアンチ・ドイツ人の感情を見いだすことはほとんどないでしょう。

　私がドイツ人に仕かけるケンカはすべて、彼らが無理やりに私をドイツ人にしようとするからであり、あるいは私を愚か者と見なすからなのです。そのどちらも望まないので、私はできるかぎり戦いますが、北欧の精神が神聖ローマ帝国の理性の妖精ではないように、デンマークはドイツの子分ではないということを主張します。そうではなく、デンマークは自分自身の主人であり、さまざまなものにおいて大きな事業を成し遂げたのであり、それはドイツの理性がまねできないもので、その事業をさらに続けたいのです。

　さて、誰もが自分自身においては自分をよいものと思うことは喜んで認めます。しかし、ドイツの理性はそこでは止まらなかったのです。だからこそ、［ドイツの押しつけに対抗して］私たちは先の戦争ではデンマークと北欧の精神に立ちました。誰が正しいかは時が解決してくれるはずです。なぜなら、精神の世界ではいつも最強のものが勝つからです。

　ドイツは近代ヨーロッパにおいては、自由と啓蒙の双方で大きな長所、したがって人間性に関して大きな長所をもっています。私たちはこれを認め、つねに感謝しなければなりません。たとえドイツの思考法にどんなに抵抗があろうとも、とくに私たちの状況への影響にどんなに反対であろうとも。それは常に私たちの本性に対する暴力を引き起こしますが、それはまさにドイツ的なものだからです。

そういうわけで、デンマークがドイツと古くから戦ってきたのは、まさしく自由と自立性のためでした。ドイツは一度もこのことが理解できませんでした。というのも、彼らの頭にあった考えは、デンマークが基本的にドイツ帝国に属しており、ホルステンの人たちのように低地ドイツ語[6]で考え、話し、それゆえまた、ホルステンの人たちのように高尚に高地ドイツ語[7]で考え、話すことを学べるということだったからです。そして、私たちが自己を守るために自分たちの歴史や本性から引き出すものはすべて役立たないと見たのです。

一二世紀の皇帝フリードリヒ赤髭公は、私たちのヴァルデマール大王に自分をデンマークの君主として認めよと強制しました。それと同様に、一八世紀と一九世紀のドイツの批評家たちもまた、精神面でいえばデンマークは神聖ローマ帝国の属州であると認めるように強制しようとしたのです。これは、言語と思考法においてドイツへの抵抗を確かにもたらしうるものでした。実際に、古いデンマーク王たちが彼らの皇帝陛下に抵抗したように、です。しかし私たちは、ドイツから離れる権利をもつことができなかったうえに、たとえそうしたとしても恥辱しか得ることができなかったでしょう。

私たちがそもそも「sich（自己）」を発音することができず、ドイツの哲学者の理解に任せるしかないということをわかってほしいと彼らに厳密な判断をどんなに懇願したところで、それは私たちの責任であり、私たちが不従順で、甘すぎて、適切な規律を欠いていることの結果であるという答えが返ってくるだけでしょう。

そして、私たちの異議はみな経験からとってきたものにすぎず、したがって経験的なものですから、ドイツ人が行うような純粋な理性の演繹ができないのです。すなわち、あらゆるロマンス語系の言語がラテン語の崩れたものでしかないように、あらゆるゴシック系の言語、これは「ゲルマン語系」と呼ばれるべきだとされますが、これらの言語もまたドイツ語の崩れたものにすぎないと彼らはいうのです。

人はノルウェーとスウェーデンの山に住む誇り高く力強い人々を指摘できるかもしれませんが、デンマークのように内も外もパンケーキのように平たい国が、北欧の山々に匹敵する高い地位を

（6）低地ドイツ語は北部ドイツ（ニーダーザクセン州から、ハンブルク、シュレスヴィヒ・ホルシュタイン州など）で話されるドイツ語の方言のこと。

（7）ドイツ中部、南部、オーストリア、スイスなどで話されるドイツ語。当時は文化が進んでいた地域にあたるので、グルントヴィは「高尚」と語っていると思われる。

要求するというわけにはいかないのです。

ごらんのとおり、デンマークはドイツとこういう関係にあります。みなさんがそうでなくても、少なくとも私はそういう関係にあります。もちろん、私はドイツ国民や彼らの国民性について公平な判断をしているとはとてもいえませんが、私は価値判断をしたいわけではありません。私はただ、ドイツ人が自分の意見を自由に主張するように、自分の意見を表明したいだけなのです。すなわち、ドイツがずっと昔から小邦分離をしてきたこと、そして、たとえドイツがどんなに立派な国であろうとも、この国が縦にも横にも分けられていたということはヨーロッパにとっては喜ばしいことに違いない、といいたいだけです。

というのも、ドイツ語で考え、ドイツ語を話す頭が唯一の支配者の下に、つまりドイツ皇帝になったナポレオンの下にあると考えてみるなら、人間の目から見ればその権力は、フランスがもっとも危険だった時期よりもはるかに恐ろしいものになるでしょうから。そして、彼らはフランス人よりもはるかに強力な支配者となり、はるかに容赦なく徹底的にやることは必定だろうと思います。

それゆえ、一八一五年から一八二〇年の間のドイツは、実際、古い王政を転覆させ、全ドイツを統一して、並はずれて巨大な共和国か同じく強大な帝国にしようという意図をもった秘密結社であふれていました。この恐ろしい企みが事前に阻止されたことは、世界にとっても、そしてまたとくにデンマークにとっても喜ばしいことでした。

そういうものは熱病のような夢、あるいは単なる妄想であるとは私は思いません。むしろ、「共和国であれ帝国であれ」両方ともある意味では理にかなっているのです。しかしながら、人はプロイセン政府を不当に扱いました。プロイセン政府も同じように、多くの人々、ドイツ全体を不当に扱ったからです。というのも、そのときは全ヨーロッパを妖怪が襲った時代であり、誰もどうすることもできず、ただ自分の影に脅えていたからです。

プロイセンの君主制もまちがいなく自分の影に脅えていました。というのも、それはもっぱら強力な法制度に依拠していましたが、これは非常に滑りやすい土台だったからです。

プロイセンの君主制の状態をまったく危ういものに見せていたものは、ナポレオンがプロイセンを分割した一八〇七年から一八〇八年の状況でした。とくに、ベルリンに新しい大学が創設された(8)一八〇九年からは、フランスの抑圧に苛立ち、抵抗をもくろむ者たちにとっては秘密の避難

(8)　言語学者でプロイセン政府顧問であったヴィルヘルム・フォン・フンボルトの計画に基づいて、一八一〇年、ベルリンに新設された大学。現在の名称は、フンボルト大学ベルリン。国家からの「学問の自由」を謳い、哲学を中心にして、旧来の法学、医学、神学部に加えて自然科学系学部を有機的に総合し、研究と教育の一体化により近代的大学の先駆となった。初代学長にフィヒテがなり、サヴィニー、シュライエルマッハー、ヘーゲル、アレクサンダー・フォン・フンボルト、ランケなど当代一流の学者が集結した。

所になりました。そして、プロイセン政府は絶えず火に油を注ぎ、普通の民衆の蜂起がフランスの支配に対する唯一可能な救済手段となったのです。

ベルリンのフィヒテ(原注7)、ブレスラウのステフェンス(原注8)といったアジテーターが大学生たちに火をつけました。そしてまた、もう一人の時代の巨人、フリードリヒ・ルードヴィヒ・ヤーン(原注9)がベルリンで体操という形で若者たちを戦争の苦難に耐えるように促し、あらゆる外国のものに対する深い侮蔑をもった際限のない愛国心を注ぎ込みました。

最後に、秘密結社はさまざまな名前で活動しますが、そのなかでは「育徳同盟（Tugendbund）(原注10)」が一番有名です。これは、あらゆる領域でその同調者を拡げました。多かれ少なかれ、こうした動きすべてが一八一三年の反乱とその幸運な帰結(原注11)に寄与したとすれば、この秘密結社は何かしら貢献し、多大の功績があると見られました。

ステフェンスはブリュッヒャー(原注12)の司令部といっしょにはるかパリへ向かいました。多くの学生がこれに続き、ヤーンも彼の大酒飲みの部隊を全部引き連れました。戦争中に、ライン地方から新しい煽動者が〈ライン・メルクーア（Rheinisher Merkur）(原注13)〉紙とともにプロイセン軍に加わりました。パリ市民はこれを、ナポレオンに抵抗する五番目の勢力と呼んだといわれています。

これらすべてを考慮し、ウィーン会議(原注14)のあとでさえ民主的な憲法がドイツ全体に導入され、可能なかぎり多く、信仰の自由、思想の自由、言論と表現の自由、商業の自由が認められたということを加味するなら、ポーランド、サクソン、ポンメルン、ラインの領土を含めたプロイセンの君主制は、リベラルで国民にもとづく政党がリーダーシップをとることをきわめて不都合に感じるしかなかったということがわかります。だからプロイセンは、己《おのれ》自身やその煽動部隊を恐れるようになったのです。冷静であることは万人に有益という理由で、どんなに冷静になるように要求されても、煽動者はその活動を続けました。

たとえ大きな事件でなくとも、些細な理由で、少なくとも大きな恐怖、大きなトラブル、厚い議事録となった事例が一八一七年一〇月一八日のヴァルトブルクでの学生集会です。それゆえ私たちは、普通、必要とされる以上に詳しくこの事件を考察しなければなりません。

一八一七年はご存知のように、ルターの宗教改革二〇〇年の祝祭年で、イエナの学生たちは一〇月一八日にちなんで祝祭を行うことを決めていました。この日はまた、ドイツをナポレオンから救ったライプツィッヒの戦い（諸国民戦争）の記念日でもあったからです。

この二つの祝祭は、アイゼナハ近郊の古城、ヴァルトブルク城で行われなければなりません（原注15）でした。なぜなら、この城は中世以来、フランスとドイツの優劣をかけた吟遊詩人たちの歌合戦で知られ、また宗教改革以後はルターが住んでいたことでも有名だったからです。ルターは法律の保護を奪われたとき、すなわち神聖ローマ帝国の法律によって破門を「宣告」されたとき、ここに住んでいたのです。

イエナの学生たちは、ドイツ全土から学生を招きました。しかし、もちろんこれにまじめに応えたのはプロテスタントの大学の学生たちだけで、集まったのはおよそ四〇〇人から五〇〇人の間で、それほど多くはなく、そのうちの半数はイエナの学生でした。学生たちは伝統的なドイツの服装をして、アイゼナハからヴァルトブルクの古城まで行進し、政治的な演説をし、ルターの賛美歌を歌い、教会を祝福し、飲食をしました。そしてアイゼナハで、そこの地方軍隊といっしょに、敬虔な者であれそうでない者であれ、みなで晩祷に参加しました。最後に、近くにある狼煙を上げる丘で大きなかがり火を焚いて終わりました。

一五一七年、ルターが教皇の教書を火に投げ入れましたが、学生たちの多くは、事前の合意なく自分たちが嫌う書物、少なくとも嫌うタイトルの書物を火の中に投げ入れる決心をしたようでした。それだけでなく、下士官の職杖、馬用の鞭、軍人用コルセットなども燃やしました。これらは、北部ドイツのこの地方では戦争時には大変重要なものと見なされていました。

平穏な時代であれば、これらのことはすべて何でもないことです。とくに北部ドイツでは、学生生活につきものの危ういどんちゃん騒ぎと見なすことに慣れていたでしょう。しかし、このときの、暗く疑い深く重苦しい時期では、それは現状の体制に対する謀反の明らかな徴候と見なされ、フランスのような革命あるいはもっと悪いものをすぐに引き起こすと見られたのです。そして、ヴァルトブルクに集まった学生たちがよりまじめな生活と研究に向けてベストを尽くすために聖典礼を行い、大学のいわゆる郷土学生組合[原注16]を廃止し、全ドイツにまたがる学生の友好組織を設立しようとしたので、その分だけこの集まりは危険なものでした。

　政府は、実はたいしたことのない出来事を国家の重大事のように扱い、すべての学生たちが政府に対して敵対的な雰囲気をつくり出していると糾弾しました。当然のことながら、学生たちをそういう仕方で扱えば、かえってプロイセン政府はそのような敵対的雰囲気を多くの者のなかにかき立てることになりました。

　どんなに克明な調査によっても何の共謀も発見されず、ましてや煽動された政治的反乱などはまったくなかったのですが、このことは政治家たちが自分自身の影といわば戦っただけにすぎないということを日の如く明らかにします。というのも、革命が実現しなかったのは政治家たちのおかげではなかったからです。これについてはゲレス[原注17]が禁じられた彼の著作『ドイツと革命（Deutschland und Revolution）』で指摘していますが、その正しさを認めないわけにはいきません。

　政治家たちはヴァルトブルクの祝祭の記録を変更することはしませんでしたし、ワイマール公国の法に背いてイエナの学生新聞の発行を禁じたりもしました。しかし、すぐに明らかになったことは、一八一八年のアーヘン会議において立憲主義の導入が基本的に停止され、ドイツ全土にわたって出版の自由を廃止すること、そしてすべての大学、とくに教授たちを警察の監視の下に置くことが約束されたことです。

書物と大学の役割が、北部ドイツでこの三、四世紀にわたっていかなる役割を果たしてきたか、そして出版の自由といわゆる学問の自由、これは一七世紀でさえすでにこうした自由があったことはドイツ人が多いに誇りに思っていいことですが、これらの書物と大学の役割、出版の自由と学問の自由を考慮するならば、一九世紀の今ではこれらが失われているようです。すなわち、国王への尊敬と共通善と共存できるすべての自由が、私たちが正しくも期待するその瞬間に失われているわけです。北部ドイツの著作家たちがそれらの自由を考えただけで、ドイツのアテネの宮殿(9)に対する不敬罪にならざるをえないというのはあまりに理不尽な話です。

この出版の自由を弾圧する考え方は、もともとロシアやトルコに由来します。なぜなら、それが最初に現れたのはアレキサンデル・ストゥルザ(原注18)の文章のなかだからです。彼はロシアの政治顧問でしたが、モルダヴィア(10)の大貴族の息子でもあり、一七八八年のトルコ戦争のときにロシア人になりました。

ドイツ憲法の概略は、その当時は秘密にされていました。というのも、それはアーヘンに集まった大使たち用のわずか五〇部のコピーにしか書かれていなかったからです。しかし今日では、政府はそのような秘密をもつことは許されません。政府がしたいことはみな公にされなければなりません。ですから、すべてのヨーロッパ諸国は、このモルダヴィアの知恵がドイツ政府、フランス政府双方にあることをすぐに読みとるのです。

二人のイエナ大学学生が、大学を貶めているとストゥルザに抗議しました。ストゥルザが自分はより高次の秩序に従って考え、書いたのだと自己弁明したので、当然ながらこの発言は、学問的なドイツ性を求める動きを失望させただけでした。

しかしながら、別のロシアの政治顧問がおりました。彼はモルダヴィアではなくワイマールの出身で、ヨーロッパの半分で劇場の帝王として長いこと君臨し、今でもドイツの読書層の多くには評価されている人です。その名を、アウグスト・コッツェブー(原注19)といいます。彼はストゥルザに賛同し、アレキサンドル皇帝にストゥルザをドイツに派遣するよう要求します。それは、ドイツの文学と学術の信頼できる理解を得るためでした。

今や、コッツェブーは「国の裏切り者」と呼ばれ、ドイツの全政党はその憤激を彼に向けました。その理由の一つには、彼が悪辣な顧問会議の中心と見なされたことがありましたが、またそれ以外にも、ロシアのツァーリ［皇帝］を非難するよりは彼を非難したほうがはるかに容易だったという理由があります。こうしてコッツェブーは、一八一九年三月二三日、イエナの大学生カ

---

(9) ベルリン郊外、ポツダムにあるサンスーシ宮殿のこと。プロイセン王フリードリヒ二世の啓蒙主義的な改革で、この時期ベルリンが「北方のアテネ」とも称された。

(10) ルーマニア東北部の地域の名称。モルドヴァともいわれる。

ール・ザント[原注20]によって路上で暗殺されました。

この事件はストゥルザとコッツェブーの提案を実行するもっとも望ましい機会を与えることになり、彼らの提案以上の内容が実施されました。

ヤーンの体操学校が閉鎖されただけではなく、ヤーン自身が理由もなく監獄に入れられました。六年後にようやく彼は釈放され、条件つきで自由になりました。検閲制度が導入され、大学教授たちがみな警察の監視の下に置かれただけではなく、ドイツでは今までに見られなかったようなものさえ設置されました。すなわち、中央調査委員会[11]です。これは、一八一九年から一八二八年までマインツにあり、どんな教授や学生たちよりもドイツの平穏をまちがいなくはるかに多く脅かし、「魔女かでたらめの警報」だという結果以外の何ものももたらさなかったのです。

他方で、ライン川左岸の人々はプロイセンの君主制に組み込まれることで自由な運動の多くを失ったと感じたのですが、彼らが一八一八年に国王に人民主権の憲法を要求したのはまったく正しいことでした。

この憲法は、国王が彼らに約束したものであり、彼らがどうしても必要としたものでした。しかし、国王は、確かに彼らにそのような憲法を約束したかもしれないが、彼らがいつその憲法を得られるかは決して語っていないのだ、と答えます。すなわち、住民が国王に憲法を要求するなど無作法なことであり、国王が適切な時期を見つけるまでは住民に憲法を許すことはないのだから、要求しても無駄なことだと答えたのです。

ゲレスはこの憲法の申請の先頭に立っていましたので、彼とプロイセン政府の友好関係も終わりました。そのうえ、ゲレスは大臣たちが革命をいかにもたらすかについて傑出した理解を書いたので、パリへ逃亡して、彼はヤーンと同じ運命になることから救われました（一八二七年、彼はミュンヘンに新しく造られた大学の教授となり、そこで暮らしました）。

これにさらにユダヤ人迫害（原注21）、残念ながらこれは文献よりもより多く私たちは直接知っているものですが、これを付け加えると、私たちが喜ぶべきヨーロッパのニュースはみな一八一五年から一八二〇年の間にあることがわかります。そして、この時代の精神の貧困を認めざるをえません。

こうした廃止のすべてが何ももたらさなかったということに驚くかもしれません。なぜなら、無作法な学生組合と暗殺などというものは、新聞記事、警察のポスター、法廷での判決を除けば、うわさ程度はあるとはいえ、あまり人口に上らないよくある日常の出来事であることは疑いないからです。そして、私たちは、実際にはみな冷水をかぶっているにもかかわらず、私たちは全世界が炎に包まれていると思い込んでいるのです。

（11）ドイツ連邦を構成する一〇か国がカールスバートに集まり、ドイツ全土での統一的な検閲制度と並んで、各地の陰謀、反乱などを内偵し、危険人物と見られる者や組織を調査するために設置した委員会。

そういうふうに、人間の生というものについてはもはや誰も確かではないのですから、国王をそのまま王位に就かせておいてもよいわけです。愚か者に起こることは賢い者にも起こるものです。というのも、人は自分が確かであることに拠れば拠るほど、そしてあらゆる種類の場合を想定できるように自己をそれだけ研ぎ澄ますほど、遅かれ早かれ私たちがもっているすべてのものを失うだろうということを除けば、世界の中には確実なものは何もないことをそれだけ明瞭に分かるようになるからです。そして、人が何年も経ってから、あらゆる仕方で自己の安全を意識したとしても、そのときにはどうしようもないことなのです。

一八四八年には、ヨーロッパの春が芽を出し、いわゆる「平民の時代」と呼ばれるものに導いた。ヨーロッパの主要な都市はどこでも、たとえばパリからブダペストまで、パレルモからウィーンまで、ベルリンからコペンハーゲンまで人々は街頭を占拠し、バリケードを築き、スローガンを叫び、政治的権利、社会的権利を要求した。

王国や公国は没落し、新しい国民国家が形成された。コペンハーゲンでは、一八四八年の三月、一連の集会が催され、三月一四日のスレースヴィ問題の集会でグルントヴィは、その地方のナショナルな感情に応じて、スレースヴィの分割を呼び掛ける演説を行った。

同年の三月二一日、一万五〇〇〇人の人々が、オルラ・レーマンによって書かれたいわゆる「呼び掛け文」をもってクリスチャンボーの王宮までのデモ行進に参加し、「国王陛下、私たちは懇願する。どうか、絶望して国民を自立へと導かないようにと」いう不穏な言葉で終えた。

グルントヴィは一番高い窓から、デンマークの絶対王政を崩壊に導いたこの群衆の行進を見ている。

第10章 スレースヴィ救援協会での講演

一八四八年四月一四日

近年、「激動の時代だ」という言い草を私の周辺で聞くたびに、私はいつも苦笑せざるをえませんでした。なぜなら、私の目からすると、今はとても静かな時期だからです。

一八三〇年以後、心機一転のときだと人々はスタートしました。しかし、それから天は落ちてはこないということに人々が気づいたとき、また座り込んでしまったのです（原注1）。そうです。一八一五年から一八四八年までのその時期は、まったく人間の時代であり、メッテルニヒの時代であって、それ以上の何ものでもない（weiter nichts）と呼びたくなる時代であり、非常に物静かな時代でした。

しかし今や、「秩序ある」とはいえないにしても「変動の」といえる時代がやって来ました。

そして私は、「秩序なき自由」と「自由なき秩序」という二つの悪のうちよりましなほう、すなわち「秩序なき自由」を選ぶことを決して後悔はしません。イギリスで私がこれを見て以来、少なくとも「秩序なき自由」は、つねに「自由なき秩序」よりも私にとってはよりよいものでした。

それでも、これらのことを念頭に置いて、私は今晩あえてデンマークとスレースヴィ問題について口を開き、自由に語らねばなりません。というのも、今はまさに、私たちの口が語るものに対して「同時に」防御することをはじめなければならないそういう動きのなかに民衆がいるときだからです。

とくに、雄弁な若者たちは注意しなければなりません。本当に変革の時代であれば、炎のような言葉をもった演説者は火薬の詰まった銃身の間を歩くようなもので、彼がそれを知る前に一言でも荒々しい火花を放てば、たちまちにしてその者と聴衆を空中に吹き飛ばしてしまうことができるからです（原注2）。

一方、おしゃべりな老人もまた自分の発言に注意しなければなりません。さもないと、言論の自由にかんして、いわゆる議会のどこにも属さないメンバーと同じようになってしまうでしょう。彼らはバックに政党をもたないので思うとおりに発言ができますが、誰も彼らの話を聞かないのです。ご覧なさい。これが、自由に発言するが、そこにはむしろ完全な沈黙があるひどい状況と私が呼ぶものです。しかし、私に何の政党の後ろ盾がなくとも、変革の時代に聴いてもらえるという希望をもって、発言する勇気を私に与えてくれる人もいます。それは、もちろんご婦人方です。なぜなら、私の目の前にご婦人方がおられるなら、私は私のバックに政党がいるかどうかを（原注3）問わないし、私が聞くよりも問うことをしないならば、私の前によい政党（パートナー）をもっていることを大胆にも確信するからです。

この点で、私の知るかぎりでは信頼できるのはご婦人方です。われわれが自分の思うとおりできるならば、他者もまた思うとおりできることをもちろん認めることに同意します（あらゆる紳士のみなさんもそうであることを望みます）。講義を聴きにおいでになったここのご婦人方も、話に来た私と疑いなく一つの政党（夫婦）をなしていることを知ることでしょう。

実際、ご婦人方の存在が私を激励して、この激動の時代ではおそらく差し控えるであろう内容を何でもないかのように扱い、政治的な信条の告白ではじめさせます。すなわち、私は国王に忠実であるだけでなく、私自身かつてそうであったより以上に国王に忠実であることに私が最近気づいたと率直に発言することからです。

かくして、国王をもつだけではもはや十分ではなく、私たちがあらゆる技術のなかでもっとも高貴なもの、すなわち自分を制御するという国王の技術を学んだならば、今や私自身が小さな国王になりたいと思いますし、そして私の周りで他の小さな国王が走り回っている光景だけを見たいのです。

もちろん、私の周りの小さなデンマークの女王も私は見たいと思っています。私が語りたいところだけではなく、彼らが小さな自己制御をもち、たとえ王冠をかぶるにしても、政府に対して何も文句をいわず、権力をもちはするが、にもかかわらず、ただアドバイスする声に耳を傾けるあらゆる謙虚さをもつのであれば、どこにでも彼らを見たいものです。

こうした［自己制御する］自由な国王の地位をたとえ宮殿の中に見いだせなくても、それを田舎のあずま屋に期待しようとはまったく思いません。私がまったく望まないものは、いわゆる人工的な、自由の形式というものです。彼らが絶対的権力と制限なく支配できる権利を得たならば、私の目からすれば、この自由の形式が私たちをみな奴隷にして、残されたものは生命を犠牲にした死の自由くらいしかないでしょう。

しかし、全人類とくに女性たちと私自身のために、こうしたあらゆる人工的な形式と極端に複雑な機械の黄金時代は過ぎ去ったのだとあえて望むことはうれしいことです。その場合、時代の殉教者、すなわち二人の主要な機械のエンジニア、ルイ・フィリップ(原注4)とギゾー(原注5)のように、イギリスにおける慈善で我慢し、長時間のフランクフルトの国民議会から出てくるドイツの退屈な葬儀の説教に甘んじることでしょう。

私は最近のフランスの革命について、ある瞬間においてヨーロッパでもっとも人工的な政治の機械の一つが壊れてしまったので、人間の生は自分の権利、すなわち生命の本質的な維持、利益の自由、そして統治のあらゆる形式において人間の尊厳を要求するという、シンプルだが深い知恵がそのときに生まれたものと見なしています。そして、もしそれを選択するときは、当然ながら、時代と人間の本性に応じて、時代と場所が人間のこうした本質的な権利ともっともよく調和でき、われわれのなくてはならない人間の自由と進行する啓発を一番保障できる形式が選ばれるのです。

さて、それこそが、私が触れねばならない扱いのもっとも難しい微妙なポイントです。それを寛大に見過ごしてしまったものの、時代が打ち砕いた形式を［逆に］固めることを私が望んでいると紳士諸君が疑っているのではないかと思います。そうだとすれば、そういう形式は私の思考からははるかに離れており、おそらくは紳士諸君の考えからもかなり隔たっているということを彼らが聞くように望むだけです。

しかし、ここには私が触れざるをえないもう一つの危うい点があります。それはもちろん、デンマークの国境の問題です[1]。ある者はそれをエルベ川[2]に置き、またある者はアイザー川[3]、別の者

（1）第5章の訳注1を参照のこと。

（2）エルベ川は下流がハンブルグを流れ、ハンブルグ付近を国境とする考え。ホルステンとドイツの国境になる。

（3）アイザー川は、ホルステンとスレースヴィの国境にある川。古代より、ローマ帝国、神聖ローマ帝国と北欧の境界線とされた。

はコンゲ川(4)に置いています。しかるに、杓子定規なドイツ人はここにはただ一つの帝国、「ライヒ(5)」があるだけだ(原注6)と考えます。デンマークは基本的に何の国境ももたず、大ドイツはたとえフィンランドやボスニア湾まではないにしても、少なくともエーレ(原注7)海峡までは領土であると考えています。

私がどこにデンマークの国境を置きたいかについて、自分の考えをつらつらとここで述べることはしません。なぜなら、私が生まれた一八世紀のもっとも学識あるドイツ人たちは、敬虔な人間ならボヘミア人とハンガリー人の双方をドイツ人にするものだという理由で、皇帝ヨーゼフ二世(原注8)の敬虔な願望を天の星のなかに置いたからです。

しかし、私たちが生きる一九世紀はみな対等ですから、同じ敬虔な願望はこの地上ではもはや力をもたないことを証明しました。ですから、スレースヴィ・ホルステンの住民の敬虔な願望、すなわちデンマーク全体、あるいは少なくともスレースヴィはドイツ連邦に統合されねばならないという願望も同じく妥当しないと私たちは正当にも望みます。そうだとしたら、スレースヴィ・ホルステン、あるいは少なくともスレースヴィはデンマーク王国に統合されねばならないという敬虔な願望も同様だということを私たちは受け入れなくてはなりません。

イギリス人がいうように事実というものは頑固なもので、デンマーク王国は、昔日のそれを見ようが見まいが、スレースヴィ公国の国境を越えていくことはもはやありません。デンマークの国土はせいぜい言語が話されるところまでであり、明らかに人々がデンマーク語を話したいと望む場所を越えることはありません。いい換えると、それがどこかは知りませんが、スレースヴィ公国の真ん中辺りになるでしょう。

この両方の部分とも私たちはグレー状態でもつのですが、デンマーク王国はアイザー川まではあるがそれ以上ではないということ、そしてスレースヴィでまだデンマーク語を話す人々でさえ、デンマーク語を話し続けたいと思ってはいないように見えること、この二つの事実はもちろん私だけではなく、私がここで出会いたいと思っていた人々にとっても明らかです。

非常に苛立たせる事実ではありますが、どうしようもありません。この頑固な事実に対して、私たちが顔を上げてそれに向き合う以外にできるようなことは何もないように見えます。ちょうどスレースヴィ・ホルステンの人々が次の事実に直面しているように、です。すなわち、ホルステンはドイツ連邦のなかにあり、スレースヴィはその外側にあるので、ホルステン公国は、それがラウテンブルグから切り離され、あるいはバイエルンやヴュルテンブルグから切り離されるよりも、スレースヴィから切り離されるほうが自然だという事実です。

（4）コンゲ川は、ユラン中部のアスコウ、リーベ付近を流れる川で、スレースヴィとデンマークの境界線になる。

（5）「ライヒ（Reich）」とは、ドイツ語で「帝国」を意味する。この時代では、神聖ローマ帝国を意味した。

この問題に対して私たちが正当にも成功の見込みをもってできることは、この事実に妥協点がないことを認めながらも、スレースヴィ全体に対する古くからの要求を主張することであり、スレースヴィ公国に対するデンマーク人の譲渡できない権利がどの点においてもドイツ人の要求と並立することを主張することです。

最後に、今触れられた問題に答えなければなりません。すなわち、スレースヴィのデンマーク人は、多くの不幸な環境によって、また大部分はデンマーク人の大きな無関心と怠惰によって失ってしまった対等な状態を取り戻すべく立ち上がっています。私たちはあらゆる可能な努力をもってこれをすべきであり、私たちが結びつけたスレースヴィとホルステンの関係を緩めることで、すでに多くのことがなされうるのです。つまり、私たちが犯した悪を善に変えることで、スレースヴィは現実に、半分はデンマーク、半分はドイツの統治部局、裁判所、教会、学校、議会を得ることができるということです。

しかし、ホルステン、あるいはドイツ全体、あるいはスレースヴィ自身の意見を顧慮せずに、すぐにスレースヴィ公国をデンマーク王国に統合することができるでしょうか。先週の土曜日の夜のカシーノ劇場(原注9)に来ている多くの紳士諸君は、それはできるというのでしょう。

今晩おいでの淑女のみなさんはとても平和的に見えます。しかし、ラマルティーヌ(原注10)の公開書簡にあるように、フランスがアントワープに鉄手袋を投げて挑発したのと同じく、私たちがたとえ鉄手袋を投げたとしてもそれを「戦争」と呼ぶ必要はないということを、みなさんの平和な顔が意味しているのだとは思いません。いくら平和な顔をしたところで、ホルステンとドイツ全体は、これを戦争の宣言であると受け取ります。

私からすれば、これはただの戦争と呼ぶべきものではなく、スレースヴィ公国に対する非常に不公平で、不合理で不幸な戦争であるといわねばなりません。というのも、私たちはこれで獲得できるものは何もなく、その代わりに人々が失う可能性のあるものすべてをこの戦争でおそらく失ってしまうからです。

紳士の方々は、私が勇敢な英雄ではないからそう思うのだとまちがいなくおっしゃるでしょう。私は多くの点で臆病者でありますから、そのかぎりでは紳士のみなさんはまちがいなく正しい。しかし一方では、デンマークには私よりも臆病な者たちがたくさんいます。また他方では、そういうちっぽけで臆病な者たちは、こざかしい知恵からデンマークをしばしば臆病な役割をするものとしてさらけ出したのです。

最終的に、私がスレースヴィの人たちとの戦争を恐れ警戒するのは、私が臆病だからではありません。そうではなく、事実としては私が多数派よりもリベラルであるからです。スレースヴィに対するどんな戦争に対しても、私が恐れ、異を唱えるというわけでは決してありません。なぜなら、スレースヴィとホルステンの人々や彼らが期待する外国の援軍が、古いドイツの公爵国ホルステンを古いデンマークの公爵国スレースヴィから切り離すことで私たちを脅かすか、あるいはスレースヴィのドイツ人に、デンマーク人の喉元にまで来させることを許すよう私たちを脅したとしても、私は次のようにいうでしょうから。

デンマークの生命と名誉はまったくの危険にさらされている。敵が首都の門に迫っているなら、今やすべきことは敵を殺すか問題を解決するかだ、と。

他方で、スレースヴィの考えに関係なく私たちが一歩を進めて、どんな名目であれ適当な口実の下にスレースヴィをデンマーク王国にすべり込ませてしまうなら、私は次のようにいいます。

それは、決してうまくはいかない、と。

たとえ、フランスではスムーズでよいといわれるようなこの仕方でやったとしても、スレースヴィの人たちのほとんどはそれを悪いことだと見なすでしょう。私のリベラルな思考は次のように考えます。

法律家がすぐに教えるように、死せるものに対する権利が時効になり、ただ暴力的な行為がその権利を要求できるならば、生きた人々の時効になった権利にも同じことがいえるはずだ、と。

生きた人々を逃亡奴隷のように扱うことなくして、生きた人々が強制力によって維持されるということはありえません。そんなことをしても、奴隷商人以外の誰も得をしません。

ありがたいことに、そういうことをする、あるいは似たようなことをするのは、デンマーク人の好みにそもそも合いません。ですから、仮にスレースヴィの人たちの意志に背いてもこの手で強引にデンマーク王国の国境の見張り場をアイザー川沿い、ここはスレースヴィとホルステンの人々が彼らの友人たちとローマ帝国から揺さぶられるのを食い止めたところですが、そこにまで押し出す力があったとしても、私ならそうはしないでしょう。

というのも、とりわけドイツ人とドイツ人でないもの双方を自分たちの国に無理に入れてもデンマークに役立つことはなく、むしろ大きなダメージを与えるという妥当な理由があるからです。ちょうどアイルランド人がイギリス人にならないように、彼らはデンマーク人には決してならないでしょう。彼らはそれゆえ、いつでも区別をつくり、デンマークの結合力を増やすのではなく弱めるだけのことでしょう。

ごらんのとおり、これは慎重に扱うべき問題です。もし、私の目の前にご婦人方がいらっしゃらなければ、私はうまく扱うことができなかったことは確かです。ご婦人方は、私よりもはるかに白黒をつけるときにどう扱うかをご存知ですから。それが、人に他者を愛させるように義務づける古い愛の手紙であれ、デンマークに導入されたら大きな被害をもたらすような、愛情もないのにキスをするドイツの気晴らしであれ、よくご存知です。

まだいわなければならないことは、みなさんにもおわかりのとおり、潔癖で他者に危害を加えなければそれだけ物事はスムーズに進むということです。そうすれば、一方の耳から入り他方の耳から出るように、あまりにもスムーズに行くということもあるかもしれません。だから、ご婦人方が仮にいなかったとしても、うまくいっていたはずだと私は大胆にも申し上げたい。

　現在の状況では、デンマーク王国において、スレースヴィ公国にデンマーク人のための救援協会がなければならないことは日の如く明らか（これは私のいい方の癖で、よく指摘されます）です。

　同じく日の如く明らかなのは、スレースヴィのデンマーク人たちを立ち上がらせ、強め、団結を強固にするためのこの協会は、純粋にデンマーク人の協会でなければならないということです。すなわち、自分自身がデンマーク語を話し続ける意志があり、ドイツ人を前にしてもデンマーク語を話すことをあえて恥じず、それゆえ、王国全体から集まった、デンマークの名前とデンマーク語を誇りに思うように努力するような人々でこの組織が構成されるということなのです。

イギリスの著作家エドマンド・ゴッスは、一八七二年、グルントヴィが亡くなる一か月前に、グルントヴィのいるヴァートフ教会を訪問したことを詳しく述べている。

「われわれがすべての希望を断念したとき、突然、教会の聖具室から入って、急いで祭壇へ歩く高貴な人物がいた。この人は、これまで私が見たなかでももっとも年老いた人間に見えた。途端に絶対の沈黙が教会全体を支配し、それから、あたかもわれわれの足下の地下室で誰かが話しているような声が聞こえた。それは、祭壇で声を出して祈っている監督[1]だった。それから彼は向き直り、同じく鈍い不明瞭な声でミサの参加者に語った。彼はうっとりしている崇拝者たちの間を歩き回り、しばらく私の横の近くに立っていた。その間、彼は少女の頭に手を当てていた。だから私は、彼の顔を完璧に見ることができた。九十代の男性であるが、高齢で弱っているとはいえなかった。彼の動きはすばやく足どりは確かだった。しかし、かなり高齢の彼の見かけに目は釘づけになった。彼はノルウェーの洞窟から出てきたトロルのように見えた。一〇〇歳を超えているかもしれなかった」

第11章 議会での演説

上院議会での演説（一八六六年七月一二日[原注1]）

私は演説の言葉について尋ねました。もし、私が言葉について神と人間の双方に尋ねる必要をかつて感じたことがあるならば、それはまさに今日このときであり、この議会においてであるということは明らかです。というのも、多くの者が言葉に対する迷信、生きた言葉への迷信と呼ぶもの、それだけではなく、よい条件が見つかればよい言葉は目的を果たせるという特別な信頼と私が呼ぶものを私がもっていないならば、この点に到達することは決してありえないでしょう。

（1）プロテスタントは教会政治では「監督制」をとり、監督はプロテスタントの管区教区を統括する地位で、カトリックの司教にあたる。

それゆえ、前の世代から次の世代へと受け継がれるよい言葉は、デンマークの民衆の心以外のどこにもそれよりよい場所を見いだすことはないといえます。すなわち、デンマークの議会ほど、よい言葉がよい場所を見いだすところはないと私は固く信じるものです。

デンマークの議会と政府の双方、少なくとも二つのうちいずれかは、少なくともこのとき、以下の問題で失敗することを許さないでしょう。すなわち、憲法草案の決定にかんする問題であり、私たちがこれを採用するか拒絶するかで召集された問題です。

しかしながら、すぐれた政府、名誉ある議会が私の確信からどんなにかけ離れたものであろうとも、私がここで話しているのは私の確信からであるということを疑うような人はほとんどいないと思われます。といいますのも、明らかにまじめで何らかの才能があり、議会の運営に精通している者であれば、彼の古き平和な時代を中断し、すでに採用された提案に対して、無力な「否」をいうために自分の強情さを振り絞るようなことはしないでしょうから。

それでも、これがもし該当したなら、――実際、該当することがしばしばなのですが――この憲法が長々と頭を悩ませつつとことん議論をされて問題が明解になったとすれば、もはやそこには何もつけ足すものはないはずです。そうであれば、無理につくられた反対の声が政府と議会の多数派の耳に届かないのは当然のことでしょう。この両者は単に憲法案に賛成であるだけではなく、面白くない政党の争いを終わらせたいのですから。

その結果、祖国を襲った不幸のあとに、民衆と政府は最終的に共通善のために働く平和を見いだすことができるのです。そうです。もし、事態がそうであれば、この演台にいる私の軽信《けいしん》はまったく笑われてしかるべき事柄となるでしょう。

しかし、私はあえていいたいのです。事態はそうではない、と。政府と議会の対応は奇妙な不手際なのです。もし、名誉ある議会が上院のメンバーに対してもう少し忍耐をもって下さるなら、私は本日、以下のことを証明したいと願うもの（2）です。私が議員としてここに立ち、一八四九年の憲法を変えないよう弁護するとき、この問題を扱うに際し、新しい要素が加わっているのだということを。

私は古い一八四九年の憲法の崇拝者ではありませんが、それでもその成立に参加していた上院議員として、そういいたいのです。私は、どんな名前であれそのように頑迷な「旧憲法崇拝者（護憲派）」と呼ばれる党派に属したことはないし、またそのつもりもありません。もし、その呼び名がデンマークの全国民、すなわち外国人そして外国のものに抵抗して、自国の側に立たなければならなかったデンマーク国民に適用されることがないならばの話ですが。

先ほど、「もし、名誉ある議会が上院のメンバーに対してもう少し忍耐をもって下さるなら」

（2）　第6章の訳注（6）を参照のこと。

と私はいいました。たとえ私が、年老いた説教者として、どこまで聴けるか厳しく聴衆のみなさんの忍耐を試してみるという悪習を犯しているわけではないと議会に理解を望むとしても、それでも少々の忍耐を要求しなければなりません。なぜなら、私は簡潔に話すことを約束できないからです。というのも、この問題が党派の問題として見なされ扱われるならば、今や歪曲された見方でしか見られない状態になっており、そのために私はそれを少しずつ正しい光のもとに置いて見るということしかできなくなっているからです。

　議会の現在の状態、そして現段階では、この問題は党派の問題ではなく、また決してそういうものではありえないということを示すのはまったく余計なことのように見えるかもしれません。これは、もし私たちが、悲しいかな、政府と国民を互いに対立する党派と見なす必要がなければという仮定のうえでの話です。

　しかし、安全のために私は、以下のことをついでに注意しておかねばなりません。すなわち、少なくとも今は、いかなる犠牲を払ってもこの議会を恐るべき党派が支配することを防止しなければならないと私たちは要求されており、この恐るべき党派がどんなに努力してもこの議会のなかでいかなる主導権ももつことができないということをみながはっきり認識できるならば、この党派を真に怖れた者こそが彼らに笑みを返し、生のあらゆる可能な乱用を妨げることを望んだその愚かさを笑うべきである、と。

私があえて望むのは、憲法改訂に向けて彼らがさらに進むとき、まったくさまざまなレベルで共通善に対して差し迫った危機があるに違いないということに彼らが同意することです。その憲法は、民衆の半分は改訂に賛成して戦い、残りの半分は恐れと落胆から改訂を諦めているものです。

古い憲法の障害物になっているのは、まさにこの議会であることはまちがいありません。さもなければ、この議会の構成は共通善を差し迫る危機にさらすようなものとはまったく異なっていたでしょう。あるいは、新しく構想されている上院みたいなものであれば、共通善にとっては大きな進歩であったかもしれません。しかし、こういうものは今に至るまでもっともよい意図をもつ観察者の目からは隠されたままだったのです。

それゆえ、このことは吟味されなければなりません。私の評価がまちがってなければ、この調査はとくにすべての点で次の問題にかかわるものでなければなりません。すなわち、現在の世紀、そして明らかに過去の数十年においてますます燃え上がった問題、そう、普通選挙の権利とそれに関連したデンマークの民衆性、そして民衆の自由の問題です。この問題は解決されなければなりません。ただ一般的にだけではなく、またとくに、その中心事項、すなわちデンマークの民衆との関連、彼らの法的な正当性、彼らの利害、要求、そして彼らの自由の使用との関連において解決されねばなりません。

それゆえ、そうした議論はこの場合疑いなく必要なことです。というのも、ここで問題になっているのは、普通選挙の導入ではなくそれの廃止なのですから。ですから、私たちは(3)基本的な前提の変換を迫られています。そして、その頂点では、できたての上院を後退させることが求められています。

この上院の構成において――私たちが上院を設立したことを誇りに思いつつも、今はこれを廃止しようとしているのですが――普通選挙制度が、普通選挙の反対派から見て、いわば恩恵を期待できるような穏やかな形式で採用されるという事実があったにせよ、上院は後退しています。初めから普通選挙が、いかなる点でもまったく制限されないで継続することを私たちが当然のこととして受け入れていたという事実から判断すれば、［今回は］政府が法的に妥当な選挙権を制限しようとしていると結論づけざるをえません。

しかしながら、法的に妥当な選挙権の制限という大きな疑念に気づくのは、私たちがそのかぎりで見落としているものが何か、すなわち経験によれば、奇妙な違いをなすものが何かを私たちが発見するときです。たとえばイギリスのように、たとえ時代の圧力に屈したとしても、それでも［抵抗することで］数インチでも拡大するなら、選挙権の古い制限に抵抗し続けるのか。あるいは、フランスの最後のブルボン王朝（悲しい記憶ですが）のように、人民にすでに所有され、その承認も得ている選挙権を制限するよう努力したほうがよいのでしょうか。

後者は、デンマークの政治家の間に、不幸なブルボン王朝の幸運な継承者（原注2）、すなわち、私たちはそれなりの理由があってこの人を時代のもっとも抜け目ない政治家と見なすのですが、彼がもつのと同じくらい大きな不安をなおさら引き起こすように見えます。こういう人物なら、普通選挙と広く行きわたった民衆への尊敬を賞賛するだけでなく、それらが彼の王権と権力、自由をしっかりと支えるものと明らかに見なすでしょうから。

私たちの前で憲法改訂を認める主たる理由が、私たちが平穏でいられるためだと国全体でいわれ、主張され、確かに布告されたとしても、私の目にはそこに何も真剣な意見が見えません。たとえ他の国の人々の間で合法的な普通選挙をそのように制限することが必然的に大きな危険と絶え間のない動揺を引き起こすとしても、ここデンマークでは物事は違って進むでしょう。たとえ聞きわけがよく、平和を愛好するデンマーク国民は、それを受け入れるよい条件がないことがわ

（3）上院は一八四九年の憲法（六月憲法）で制定されたが、一八六三年の憲法（一一月憲法）は上院の選出方法が富者に有利になるように改訂され、実際一八六六年に制定された修正憲法（七月憲法）後の上院は、選挙を経ない勅選議員が一二名で公選議員も選挙権に財産制限が課せられ、地主層が有利になった。グルントヴィはこうした事態を指して、一八四九年の憲法よりも選挙が後退し、普通選挙でないと言い、せっかく一八四九年の憲法で上院が設立されたのに、一八六六年憲法で上院が国民の声を反映しないものになることを批判している。第5章（九二〜九六ページ）も参照のこと。

かれば、おそらく落ち着くだろうということが意味されていないにしても、です。

そのような聞きわけのよい平和的な国民から彼らの選挙権を奪うことがいかに大きな罪であるか、私はそれについてはもはやそれ以上語ろうとは思いません。この選挙権を人々は決して乱用しませんでしたし、乱用を前提する理由もなかったのです。というのも、私の考えでは、政治と道徳をごちゃ混ぜにしても意味のないことだからです。

しかし、それでも私は次のことを力説しなければなりません。すなわち、何世紀にもわたってデンマークの民衆は非常に平和的であり続けたので、彼らが静かな生を正しく楽しむことができないときには、静かな死に甘んじていたということがまったくの真実であるということです。このことが確かにあてはまるなら、同じことを今から望んでよいかどうか、あるいは、この「民衆文化」の世紀において、デンマークの民衆の生が自らの力に目覚めていないので、あらゆる民衆の生の自覚を拘束している非民主的な上院のことを考えられないかどうか、これらについて、より細かい検証が求められているのだといわざるをえません。そして、民衆がいかに日々の安寧と平穏が好きか、上院が彼らにあえて見させないにしても、民衆は高い代償を払って黄金を買うかもしれません。

選択がなされるとき、緩やかに死ぬか自殺するかのどちらかしか選べないのであれば、生を求めてしばらくの間、激しく闘うことのほうがまだましです。

前の内閣が、民衆、議会そして普通選挙に対してそのような敵対的な態度を取ることを怖れなければならないと要求しましたが、それは現在活動中の上院に向けられたことだと私は聞きました。そして、合意によってまさに今議題にあり提案された「新しい」上院には決してこれはあてはまらないとも。しかし、たとえそうだとしても、私はあえていいたい。「新しい上院の」提案は、それがこれまであったよりもはるかに深く精査されなければならない、と。

なぜなら、現実にあるとおり、複雑で人為的な選挙の方法にかんしては、民衆も私も不合理以外の何ものも見つけることができないからです。すなわち、そこにはつねに「民衆的なもの」すべて、そして普通選挙に対抗して、民衆と鋭い対立にある生まれつきの多数派があるという不合理性です。

これが祖国と王国に対して、修復できないほどのダメージをどれほど与えるかということは十分に見通せることです。私の知るかぎりでは、二院制のあるところならどこでももっているそのような決議を、ここデンマークでもつことはないということはちょっと考えさえすれば、きわめて明らかでしょう。

私たちは統一された一院制の議会、あるいはその他の法的な手段をもつことはありません。たとえ国王と民衆が完璧にこれに同意したとしても、特権的で傲慢な上院を強制する法的な手段はないのです。

そこに座っておられる学識と名誉ある議員が、私の申し上げること、すなわちデンマークの民衆は自分の選挙権を決して乱用はしていないということに対して、今や二度目の否認をなさいます。しかし彼は、その運用全体において完璧に政治的な賢慮が示されたということを私が語ったかのように説明するのです。私はそうは思わないといわざるをえません。これら二つの事柄は相互に違っており、相互に正反対にあるといわれることと同じだと、そうした学識ある紳士にいうべきでした。

人が十分に政治的な賢慮《けんりょ》をもっていたとしても、それでも選挙権を乱用するようなことが少なくとも明らかであれば、政治的な賢慮がなくとも選挙権の乱用をたやすく防ぐことができるというのも、同様に明らかでしょう。

これが私のいいたいことです。なぜなら、それ以外では、すなわちデンマークの民衆は、多くの場合、そして多くの社会の変化の際に、私たちが真摯に望む政治的な賢慮を残念ながら欠いているのは確かであり、それを所有することはさらにありえないということでは、名誉ある上院議員と私の意見は一致するでしょうから。

しかし、ここでいわれている人々が、農民と呼ばれている人たち、あるいはどんな表現であれ、人口の大多数を占める人たちのことを意味するのではないということも真実です。ここでいわれている民衆とは、この内閣を占める人たちことを指しているのだと私は心から確信します。そして、これまでもっていた合法的な選挙権が奪われることが「政府と議会によって」正当化されるこれまでの「農民などの」民衆には、いかなる過ちもありません。

ついでにいえば、名誉ある演説者は古い上院が嫌いであるとおっしゃる。新しく上院をつくったのだから本来あるべき意見がそこにはないという理由で。そして、新しい上院にあるような意見がそこにあるべきだとお考えになる。

そうです。これは何よりも趣味の問題です。しかし、私はいいたい。これは主要な問題ではないように見えるでしょうが、この点で名誉ある上院議員に対する私の演説は何か新しいものがあるはずなのです。といいますのも、私の演説と論証を徹頭徹尾貫くものは、古い上院について、いかにそれを編成するかという計画があるかどうかという問題ではないことが確かだからです。

憲法制定議会で私たちが議論したことを思い出して下さい。そのときの意見は、二つの議会のうち、他方が迅速に進むなら、その分一方が慎重に審議するように二つの議会を組織すべきだというものでした。一方が早く駆け出す馬、もう一つが強情でいうことを聞かない馬をもった乗り物が一番よいというわけです。

私の考えでは、これについてはここの問題ではありませんが、問題は二つの議会、二つの馬を直接競争させるように結びつけることが賢明かどうかということです。他方で、時代を支配する知識と雰囲気に従えば、上院を設立することがよいことになっている。しかし、この［新しい］上院は一度否定されたものよりもはるかに民衆に根ざしていないのに、それを設立することが賢明なのか。これについては、私はわずかな返答さえ聞いていない。［残念ながら］このことは、おそらく精細に考察する価値があることと見なされていない問題に属しているのです。

一八六六年七月一六日

新憲法問題をまず扱う際に私が論じたいのは、新しい憲法がどのみちデンマーク議会を通過する前に、古い憲法と新しい憲法の関係をもっと詳しく検討すべきではないかということです。というのも、憲法を変えるときは大きなためらいがあるということは疑うまでもないことでしょうから。

そして、憲法改訂が強制力や威嚇によってではなく、ただ熟した考察によってのみ進められなければならないとすれば、改訂を必要とする古い憲法のなかに何か危険なもの、ダメージを与えるものがあるか、もしくは、古い憲法には欠けていた何か利益になるもの、満足させるものが新しい憲法にあるということは明らかです。新しい憲法に欠けているものが何もなければ、それは古い憲法と同様に素晴らしいものとなるでしょう。

ところで、この原理を現在の上院に適用してみます。すなわち、この原理から帰結するであろうと想定されることに。私は、そのように原理を使用しなければなりません。なぜなら、この場合、上院の構成は論じなければならない問題の中心をなすからです。

現在の上院がたとえ控えめであっても、確かに普通選挙制度にもとづいているのであれば、直接ではないにしても、少なくとも間接的にこの選挙は下院に選挙権をもつ大多数の人々によってなされたと当然ながら思っております。そうだとすれば、政府と民衆の間にある普通選挙制という関係がどういうものであるかが本来の問題とならなければなりません。そしてこのことは、とくに私たちが生きるデンマーク、人々が現在あるように組織した上院を維持する権利をもつだけではなく、それを保持する義務もまたもつこの国において疑いなく必要です。

この点にかんしては、私は「傾聴」と呼ばれる以上のものを見いだすことはありません。しかし、卓越した内閣の閣僚は、次のような考えにいかなる関心も示さないように見えます。すなわち、憲法草案に対し、すでに二度多数派になり、そして三度目も多数派になった合意よりも古いものに関心がないのです。

私が調査するように要請したことはすべて完全に調査され、私が言及したことすべては秤にかけられ、その指摘は十分ではなかった、と議会の反対勢力は繰り返し主張しました。しかし、私が語ったこと、すなわち普通選挙が民衆文化と政府双方に対してもつ関係、つまり民衆に基礎を置く政府が望み要求することと、賢明な政府が最善に奉仕できることとの関係がすべて調査されたかどうかは判断できません。そのことが証明されたかどうかは判断できないのです。それゆえ、二つの上院をまったくありのまま一緒に描写して、詳細に比較することを再び要求しなければなりません。

今や私は、古い上院を選ばせるものが何かをできるかぎり明快に語りましょう。同時に、反対側にいる紳士のみなさん、明晰な理解を求める方々とまったく見なされる人たちに、新しく提案されている上院を好む理由は何であるのかを少なくとも同様に明晰に説明することを求めます。

私は現在の上院を好む理由をきわめて簡潔に語り、それが十分明晰であることも望みたいと思います。その理由は、議会を維持するのは民衆の権利であり、それゆえ私の確信では、議会は民衆の意志だからというものです。さらに、議会は普通選挙にその根拠をもつからです。経験の教えるところによれば、とくに現代、民衆の世論の支持をバックにもたない政府は決して成功しないうえに成長もしないからです。

最後の理由としては、以前の制限された選挙がどこでも拡張されて普通選挙になった今日、私の知るかぎり民衆がすでに法的に所有し、評価している選挙権を制限しようとした政府が罰されなかったことはないからです。

今度は、反対側におられる紳士諸君が、なぜ新しく提案された上院を好むのかの理由を同じように明晰に発言する番です。この上院は少なくとも民衆の目からは、普通選挙にまったく根ざしていないのですから、特権、財力、金の計算に本来根ざしていると民衆には思える上院を好む理由を、です。特権、財力、金の計算は、どのみちデンマークでは決して「民衆的なもの」ではないのですから。

訳者による解説

本書は、デンマークを代表する知識人の一人であるオヴェ・コースゴー（オーフス大学教育学部名誉教授）が、通例は教育や文学で近代デンマークにおいて最大の貢献をしたとされるグルントヴィを、政治思想家として捉えて論じたものである。

オヴェ・コースゴーは訳者の古くからの友人でもあり、普段から「オヴェ」と呼んでいる仲であるので、論文形式で「コースゴー」と書くと非常に違和感がある。異例ではあるが、呼び慣れている「オヴェ」という表記にすることを許していただきたい。

オヴェは、グルントヴィ・ムーブメントの教員養成学校である「フリーレーラースコーレ（Den frilærerskole）（日本風にいえば、自由教育大学）出身で、ホイスコーレ教員をしたのち、ゲァリウ・イドラット（体育）ホイスコーレの校長をし、ホイスコーレ協会会長を務めた。その後、フリーレーラースコーレの校長を経てデンマーク教育大学の講師となり、のちに教授となった。そして、デンマーク教育大学がオーフス大学に統合されてコペンハーゲン教育学部となってからは、そこの教授として教鞭をとった。主著としては以下のものがある。

- Kampen om kropen, Dansk idræt historie gennem 200 år (1982).
- Kampen om lyset, Danske voksenolysning gennem 500 år (1997).（川崎一彦・高倉尚子訳『光を求めて、デンマークの成人教育五〇〇年の歴史』東海大学出版会、一九九九年）
- Kampen om folket, Et dannelsesperspektiv på dansk historie gennem 500 år (2004).
- N.F.S. Grundtvg (2012)（本書）
- Solskin for det sorte muld-om slægt og folk (2013)

本書によって、二〇一三年のグルントヴィ賞を授賞している。また最後の書物は、自らの家系、家族史を情感豊かに書いたエッセイで、その年のベストセラーとなり、学者のみならず作家としての評価も決定づけることになった。

オヴェは最初からアカデミックなキャリアを積んだわけではなく、ホイスコーレ教員からスタートしたが、堅実な研究を重ねて学位をとり、教授職にまでなった人物である。最近は少なくなったとはいえ、アカデミックな世界が必ずしも閉じていないデンマークの風通しのよさがうかがえる経歴といえる。

さて、話を本書に戻せば、彼自身が「英語版の序文」で書いているように（iv ページ）、グルントヴィを政治思想家と見るのは一般的ではない。しかし、グルントヴィは単なる牧師、詩人、歴史家、教育思想家にとどまらず、近代デンマークの多様な範囲にわたって影響を与えてきた。当然、政治や社会においても彼の貢献は多大のものがあり、それらを含めて政治思想家と見てもおかしくはない。

オヴェは本書において、グルントヴィは身分制度から離れて民衆を平等に見る視点をもち、民衆が共通善を促進するというかぎりで国王の統治を承認するという契約理論に立っていたことを指摘する。そして、グルントヴィの民衆の概念は、経験的に得られたものではなく、歴史研究から得られたもので、その意味では想像された規範的なものであると見なし、ドイツの脅威とデンマーク国内のエリート民主主義の脅威がデンマークの国民形成に寄与したと考えている。詳細は本文の展開を見てほしいが、グルントヴィの多岐にわたる議論を平易にまとめている点がこの書の一つの長所であろう。

この解説では、オヴェの議論と重ならないように、グルントヴィの政治思想をより幅広くヨーロッパの政治思想史の文脈で論じてみる。しかし、結果的に内実はオヴェの議論を裏づけるものであり、グルントヴィの思想の豊かさを違った視点で示すことになるだろう。

家族の解体から個人へ——経済史の観点から

第1章の冒頭でオヴェは、「家族」が歴史的概念であることをグルントヴィは知っており、それの解体に関与したくなかったにもかかわらず、結果的に家族が解体して、帰属先のなくなった近代的個人を「国民」という形で新たに再構築することにグルントヴィが寄与したと指摘している（六ページ）。確かに、デンマークの「国民」形成者として、グルントヴィは家族や地域から離れ、バラバラになってしまった個人にデンマーク国民という統合先を新たに設けたのである。

ここでは簡単に書かれているだけだが、まずはオヴェが、ここで視野に入れていない経済の面からこの事態を捉えてみよう。

カール・ポランニー（Karl Polanyi, 1886～1964）は主著『大転換（The Great Transformation）』で、自己調整的な市場経済による社会の転換が、互恵性、再配分、家政（自己生産物の自己消費）をもった伝統的な家族、地域社会を解体することを指摘した。その際に、国家のとる政策が市場経済の浸透を阻害していたさまざまの社会的要因を取り除く働きをもち、自分の労働力を売らなければならない労働者を形成して、本来は商品として売買されるべきではない労働力の労働市場を擬制的につくってしまうことの問題性を繰り返し論じている。

伝統社会は、伝統、慣習、宗教などの社会制度のなかに個人を埋め込み、個人が労働者として自己の労働を商品として販売したり、有機的な自然をもつ土地を抽象的な広さや価格の単位で切り売りしたり、貨幣を単なる商品の媒介手段にとどめ、それ自体が自己増殖する商品としたりすることを防いでいた。それらの総体が文化であり、人々はそのなかで安心して生きることができた。

しかし、一八世紀から強まった自由主義経済、自己調整的市場経済は、それらを破壊し、自由主義市場経済の目的である労働、土地、貨幣に対する社会的な規制を、功利主義、政治経済学、それと関連した個人の自由を謳う自由主義などのイデオロギーを通じて撤廃する方向で働いた。

「労働市場を確立するということは、とりわけイギリスの農村文明において、社会の伝統的な骨組みを全面的に破壊してしまうということにほかならなかった」[1]と、ポランニーは述べている。土地の切り売り、売買は抽象化された資源の収奪、それらによる有機的な自然の破壊などをもたらし、貨幣の商品化は蓄財を第一とする守銭奴を肯定し、悪徳金融機関を育成して今日の金融グローバリズムにまで関連している。

「人間の労働力を処理する場合、このシステムは、労働力というレッテルの貼ってある肉体的、心理的、道徳的実在としての『人間』を処理することになるのである。文化的諸制度という保護の扱いがとり去られれば、人間は社会に生身をさらす結果になり、やがては滅びてしまうであろう」[2]

ポランニーは事例として、ロンドンの貧民街であるスピーナムランドや現代アフリカなどの途上国の都市スラムなどを挙げているが、これらの人々を救済する仕組みとして、過去においては国家による給付、キリスト教会の援助などが登場し、またギルド、職人組合の抵抗から、組織化された労働運動などが生まれてきた。こうした動きは、あらゆる意味をはぎ取られた裸の個人を新たに意味づけする試みであり、それが「国民」「市民」「労働者」といった近代社会のカテゴリーとなっていく。

　グルントヴィが活躍した一九世紀デンマークもまた、市場経済が浸透し、都市ブルジョワ層の社会的影響力が増大して、「ナショナル・リベラル」という政治勢力に結集している。この時代のデンマークは、中立政策が功を奏して国際貿易と海運業が盛んになり、コペンハーゲンはバルト海諸国と西欧をつなぐ重要な貿易港となった。また、西インド諸島の植民地での砂糖生産、タバコ生産が盛んになり、製品はコペンハーゲンで加工されてバルト海諸国へと輸出されていた。

　大規模な工場群と産業労働者が登場するのはまだだいぶ後の話になるが、それでも国際貿易を主に、市場経済が社会を変えつつあったのである。

　ただしデンマークでは、イギリスのように、農民層がすべてを奪われて大都市に貧民層として

（1）吉沢英成他訳『大転換』一〇三ページ。引用にかんしては、邦訳のみ示している場合はその邦訳に従った。原典が示されている場合は、その原典から訳した。

（2）前掲訳書、九七～九八ページ。

流れ込むといった現象は起きなかった。すでに一七八四年以降のレーヴェントロウ、ベアンストーフ(3)らの開明派政治家の努力によって農民改革がはじまり、一七八八年に土地緊縛制度が廃止され、貧農にも土地が与えられて自作農の拡大政策が進められていたからである。

フランス革命の人権宣言が謳うような抽象的個人に立脚し、市場経済を進める「ナショナル・リベラル」のブルジョア階級に対しては、グルントヴィは危うい匂いをかぎつけた。そして、その対抗軸として、新たな社会層として勢力をもった国民の多数派である農民層に着目したのである。

グルントヴィが「民衆」と呼ぶこうした人々は、イギリスのように自己の文化的背景を破壊されることはなかったが、スレースヴィ・ホルステン問題も重なって、プロイセンの脅威に対しては「ナショナル・リベラル」と共闘することになる。また、グルントヴィ主義者たちによって、レディンをはじめとして南ユランにつくられたホイスコーレに農民たちが集まり、グルントヴィの北欧神話論をアイデンティティとしたスカンジナビア人、デンマーク人としての国民意識を育むようになった。

ナショナリズム研究の第一人者であるアーネスト・ゲルナーによれば、国民に広く行きわたった教育機関こそが、その教育を通じて文化的なナショナリズム、それを自己のアイデンティティとして一体化したい国民意識を育成する。

「一般的な社会的条件が標準化された同質の中心的に維持されたハイ・カルチュアを形成し、少数派のエリートだけではなく、全国民にそれが浸透するならば、十分に定義され、教育のなかで承認された統一的な文化が唯一の種類の集団を構成するという状況が生じる。この唯一の集団に、人々は喜んで、しばしば熱烈に同一化したがるのである[4]」

グルントヴィの著書や講演と各地に造られた農民のためのホイスコーレは、公教育に先んじてデンマークの国民意識育成の機関となり、農民＝民衆を基礎としたデンマーク独自の国民意識「民衆」を形成したのである。

（3）レーヴェントロウ（C.D. Reventlow, 1748~1827）は、皇太子フレゼリクを助けて、農民改革を推進したドイツ系の顧問。のちに大蔵省高官。ベアンストーフ（J.H.E.Bernstorff, 1712~1772）もフレゼリク五世のときの外務大臣で、ドイツ系貴族にあたり、開明派、改革派の政治家として活躍した。彼は中立政策をとり、デンマークの国際貿易での成功につながった。

（4）Ernest Gellner, Nations and Nationalism, Cornell Univarsity Press, 1983, p.54. 邦訳書として、アーネスト・ゲルナー／加藤節監訳『民族とナショナリズム』岩波書店、二〇〇〇年がある。アーネスト・ゲルナー（1925~1995）は、二〇世紀の著名な歴史学者、社会人類学者。ナショナリズム研究で有名。チェコのプラハで育ち、イギリスで学ぶ。

フィヒテとグルントヴィ

ハル・コックはグルントヴィの伝記『グルントヴィ、デンマーク・ナショナリズムとその止揚』（小池直人訳、風媒社、二〇〇七年）のなかで、「グルントヴィのスケールの大きな民属・民衆教育の夢はヘルダーとフィヒテの両方から養分を吸収していたのである」（同訳書、一六八ページ）と述べている。

グルントヴィとヘルダーの関係はよく知られており、どの伝記でも触れられていることであるが、フィヒテとの関連はあまり論じられない。しかし、グルントヴィの考えとフィヒテの思想を照らし合わせるとき、一般に考えられているよりもはるかにグルントヴィはその思想をフィヒテに負っていることがわかる。ヘルダーやシェリングと関係づけられることの多いグルントヴィであるが、むしろグルントヴィはフィヒテの弟子ともいえるほどに両者の共通点がある。それゆえここでは、これまであまり論じられなかったフィヒテとの関連を考察してみたい。

グルントヴィが多くを得たフィヒテの書物の一つは、もちろん『ドイツ国民に告ぐ』（一八〇八年）である。フィヒテはこの書物（元は連続講演録）で、ドイツ人を形成するものとして、まず言語を挙げている。当時のドイツは小邦分裂国家で、統一ドイツ国家という意識はなかった。それ以前の神聖ローマ帝国も領邦国家のゆるやかな連邦であり、彼らは自分の属する領邦国家への郷土心はあっても、一つのドイツに対する国民意識はもちえなかった。

しかし一八〇六年、ナポレオンに蹂躙され、西南ドイツの諸邦はライン連邦に編成され、フランス皇帝の保護下に置かれた。プロイセンはナポレオンの侵攻によって多くの領地を奪われ、ブランデンブルク、ポンメルン、プロイセン、シュレーゼンのみを残すだけだった。おまけに、首都ベルリンはナポレオンの支配下に置かれたためフランス軍が駐留した。

このようなフランス支配の状況に対して、フィヒテはフランス語が属するラテン語系言語の「軟弱さ」と「浅薄さ」を説き、それに対して、ドイツ語は超感覚的な生命に由来する「生きた言葉」であるとし、ドイツ語を話す人々の共通性を協調した。そして、フランス語をはじめとしたロマンス語は「死んだ言葉」であると見なしたのである。フィヒテは次のようにいっている。「[ドイツ人と他のゲルマン系の民族の相違は]ドイツ人が、自然の力がそこから出てくる最初のほとばしりに至るまで生きた言葉（eine lebendige Sprache）を話すのに対して、他のゲルマン系の諸民族は、ただ表面的には活動はしても、根底においては死んでいる言葉（eine tode Sprache）を話しているのである[5]」

この「生きた言葉」「死んだ言葉」という概念はグルントヴィにも引き継がれ、グルントヴィはデンマーク語を「生きた言葉」であるとし、ラテン語、イタリア語、フランス語などのロマン

（5）Fichte, Reden an die deutsche Nation, Fichtes Sämtliche Werke, Bd. VII. 326.

ス語系言語を「死んだ言葉」と規定している。

フィヒテがもう一つドイツ民族をつなぐ共通性として挙げたのが、ドイツ文化における共通の歴史である。その代表的なものが宗教改革であり、ライプニッツ以後のドイツ哲学、中世自由自治都市、神聖ローマ帝国の緩やかな連邦、そして各都市の大学である。

「ドイツ地方の歴史、ドイツの権力、ドイツの企て、ドイツの発明、ドイツの記念碑、ドイツの精神は、この時代ではもっぱらこれらの都市の歴史である。（……）この時期はまた、ドイツの歴史において、国民が輝き、誉れ高く、根源民族にふさわしい地位をもって存在した唯一の時代である」[6]

ドイツの若者は別の領邦にある大学へ自由に行き、ヨーロッパでも誇るべき高い文化を学び、相互に交流した。文学も詩も戯曲もドイツ語で書かれ、都市や領邦国家を越えて読まれ、ドイツ語を話す人々の共通の財産、共通の教養となった。

そして、神聖ローマ帝国を構成する領邦国家、自由自治都市で生きる人々は、同時にまたフランスのような絶対君主制のもとで生きることはなかった。「ドイツ民族は、共和主義的憲法に耐えうることを、何世紀も前から行為によって、市民状態において示してきた近代ヨーロッパでは唯一の民族である」[7]とフィヒテはいう。

ドイツ民族こそが高い文化と教養を共通してもち、共和的な国家体制を自分たちのアイデンティティとして昔からもってきた民族である。それが、ドイツ国民という意識の基礎となる。

過去を見て、優れた誇り高いドイツ国民であることの自覚をフィヒテが説くのは、利己心に走りナポレオンの侵略に協力して、抵抗できなかったドイツの領邦国家の情けなさを痛感したからである。そして、ナポレオン支配下のベルリンでは、占領者にこびを売り、自分たちの地位を高めようとする知識人、ブルジョア層の自己保身を見て、余計に精神の独立を説かねばならなかった。おまけに、ドイツであった一部の国々は、ライン連邦としてフランスの属国に甘んじてしまっている。

フランス軍が支配するベルリンで、自分が逮捕される可能性も顧みず、フィヒテはドイツ人としての精神の自立を説くための連続講演を行ったが、それは「フランス憎し」ということで、レジスタンスや武力闘争を説いているのではない。彼のいいたかったことは、前掲した本の「第一三講」において端的に示されている。

「われわれは確かに敗北した。同時に、また軽蔑されることを求めるとか、あるいは軽蔑されて当然かどうか、他の損失すべてに加えて名誉まで失おうとするのかどうか、このことは依然とし

（6）Dasselbe, VII. 356

（7）Dasselbe, VII. 357

てわれわれの態度にかかっている。武器を取っての戦いは終わった。これから生じるのは、原則、道徳、品性を求めての新しい戦いであり、われわれはそれを求めるのである」[8]

敗戦し、被占領下にあっても、精神的に屈服することなく、ドイツ語、ドイツ文化で共通のものをもつ人々が、それを自らの精神の誇りとして、占領国フランスに劣等感をもつことなく向き合え、とフィヒテは呼びかけている。

それに続いて、「我々は、このお客たちに、祖国と友人に対する真の信頼感、確固たる誠実さと義務感、あらゆる市民的、そして家庭的な徳性を、彼らが最後は故郷に戻っていくときに、彼らが持参する友情からの贈り物として送ろうではないか」[9]と語る。占領している国民だから敵であり、憎むということはせずに、「自分たちの民族の特性を保持して、これが尊重されることを望むことで、同時にまた他民族の特性を認め、彼らの特性を喜んで受け入れる」[10]のがドイツ国民だと述べている。

ここでは、武力による拡張主義、排外主義的なナショナリズムをフィヒテはまったく説いてはいない。敗戦国の国民に、精神的に卑屈になることなく内面の独立を呼びかけ、占領国の人々に対して、高い徳性をもって相手の文化、国民性を承認したうえで対等につき合え、と主張している。巷間で誤解されているように、フィヒテはここでドイツ民族至上主義や排外主義を説いたわけではないのだ。

ドイツ文化にもとづくドイツ人の精神の独立を得るためには、それらを学ぶ学校が必要である。ドイツ国民であり、ドイツ語とドイツ文化を学ぶための教育機関をフィヒテは提唱する。それは、家庭から離れて、その学校が一つの生活共同体となるような全寮制の学校である。

「こうした新しい教育の生徒たちは、自分たちが育った共同体からすでに切り離されているにもかかわらず、相互に共同体のなかで暮らし、世俗から切り離されて、それ自体で独立した共同体を形成する」[11]

このような学校を、フィヒテは国民教育を行う場所として構想している。全寮制であるのは、当時はまだ強かった親からの家業の強制、すなわち農業を手伝わせて学校に行かせないことを防ぐためである。

ここまで来れば、グルントヴィのアイディアに端を発し、その後のデンマーク社会のなかで普及していったホイスコーレとフィヒテの構想がきわめてよく似ていることがわかるだろう。

グルントヴィ自身のソーレーのホイスコーレは、スカンジナビア主義に立つ普遍的な教養形成

（8） Dasselbe, VII. 470
（9） a.a.O.
（10） Dasselbe, VII. 471
（11） Dasselbe, VII. 293

における民衆のための高等教育機関（大学）であったが、現実のホイスコーレは、プロイセンとの戦争のなかで、デンマーク国民意識の高揚、戦いには負けても「外に失いしものを内に取りかえさん」という精神の自立、つまり矜持《きょうじ》の育成機関として展開された。それらは農閑期を利用し、タバコや飲酒、ケンカなどの世俗的悪習から切り離すために全寮制の学校として運営され、北欧神話を学び、デンマークの文化を学ぶ場となった。

「国民」神話の創造者——詩と教育

ナショナリズムは、実体として存在するものではなく、一定の条件下で社会的な構成物として産出されたものである。現在、一定の支持を得ているのが、先にも挙げたゲルナーの考え方である。ゲルナーの主張を簡潔にいえば、ナショナリズムは農業社会ではなく産業社会において、民俗文化ではなく国家の保護を受けたハイ・カルチュアを基礎にして形成されるものであり、国家の援助を受ける全国的な教育機構によって再生産されていくものである。

「文化は大規模な、あるいは高度な（読み書きができ、訓練によって維持される）文化でなければならない。それはもはや多様で、地方に根づいた、識字能力とは関係ない小さな文化ではありえない[12]」

ハイ・カルチュアは、民俗学などが探査する民間伝承ではなく、主として知識人やマスメディアなどにより取捨選択され、メディアによって全国に拡がった文化でなければならないということだ。

「ナショナリズムは、本質的にはハイ・カルチュアを社会全体、以前はロー・カルチュアが人口の大多数の人間、ある場合は、その人口の全体の生活を占めていたところに押しつけることである。それは、学校によって媒介され、アカデミーによって管理された表現法を普遍的に拡散し、それらは公正で正確な官僚機構と技術的なコミュニケーションの要求に応じて体系化されるということを意味している[13]」

これらの文化は、学校教育によって国民に浸透して再生産されていく。学校教育は巨大な機構で、莫大な費用がかかるために、国家以外の組織では運営するのは不可能である。莫大な費用を負担しながら公教育を全国津々浦々に国家が整備し、それを通してナショナリズムを形成させ、国家にとって必要な国民統合の意識を涵養していくのだ。

これは、日本の近代史を考えてみればすぐにわかることである。桜や紅葉は京都や奈良の自然であり、九州や北海道はそもそもの植生が違う。しかし、公教育を通じて京都や奈良の自然を歌

---

(12)　Ernest Gellner, Nations and Nationalism, Cornell University Press, 1983, p. 37.

(13)　ibid. p.58

った歌集や散文が古典とされ、日本文化の精髄とされた。そして、メディアの宣伝などもあって、花見や紅葉狩りが日本人すべてにとってのナショナルな文化とされてしまっている。

　デンマークにおいても公教育によるデンマーク文化の普及はなされたが、面白いことに国家がそれをやる以前に、グルントヴィ派の農民運動のなかで、ホイスコーレによってデンマーク・ナショナリズムが形成されて国民に浸透していった。グルントヴィ自身、あるいはホイスコーレやグルントヴィ派の農民運動はナショナル・リベラルが政権をとるデンマーク国家とは距離を置いていたので、国家と結び付いた「国民」ではなく、国家に対して相対的な関係をもつ「民衆」という独自概念になったというのがデンマークの独自性である。

「国民」概念は、近代国家のどこでも、支配層であるブルジョアジーとの関係をもつ。日本の近代文学で夏目漱石が「国民文学」とされているが、彼の小説の主人公は都市ブルジョアの知識人でしかない。当時は多数を占めていた地方農民の姿はほとんど出てこない。むしろ、長塚節《ながつかたかし》（一八七九～一九一五）の『土』のほうがはるかに国民に根ざしたものだが、これはハイ・カルチュアには属さないので到底「国民文学」にはなりえない。支配層のブルジョアジーからすれば、都市ブルジョア知識人の苦悩を描く漱石の小説がはるかに自分たちに親しいものだったので、それをもって彼らは「国民文学」と規定したわけである。しかし、デンマークでは「民衆」はブルジョアジーではない。グルントヴィも次のように語っている。

「「上院を占めている議員たちブルジョアジーにとって欠かせない」特権、財力、金の計算は、どのみちデンマークでは決して『民衆的なもの』ではないのですから」[14]

だからといって、デンマークの「民衆」概念は土着の農民文化、伝承文化でもない。ゲルナーが指摘するように、それは知識人やメディアを通して普及したハイ・カルチュアに属するものである。グルントヴィの著作や詩作品、そして彼の作詞した賛美歌こそが、デンマーク人にとってのナショナルな文化を形成するものとなった。

冠婚葬祭、朝礼、誕生日などの日常の行事で、グルントヴィの作詞した歌を歌えばその詩は身体に染みこみ、強固なアイデンティティとなる。ゲルナーの言葉を借りれば、「文化は今や、共有された必要なメディア、日々の活力源であり、あるいはむしろ最小限の共有された空気であり、社会のメンバーはそのなかでだけ呼吸をし、生存でき、生産できるのである[15]」。

グルントヴィは北欧神話を再発見し、国民的な詩人としてデンマークの自然と風土を謳った。この詩に謳われた自然と風土で、人々はデンマークを見直した。その意味で、彼こそがデンマークの民衆の国民神話の創造者ということができるだろう。

---

(14)　二〇三ページ参照。

(15)　ibid. p.36

民主主義理解の違い

グルントヴィは徹底して民衆の立場に立った「民衆」主義者であったが、本書を読んでわかるとおり、いわゆる「民主主義者」ではなかった。また、君主制を否定せず、国王の統治を認めていた。

このようないい方をすると、すぐに「けしからん！　君主制を擁護するとは保守反動も甚だしい」と否定的に捉える人がいる。いわゆる「民主主義絶対論者」で、「民主主義」という言葉がつけば、無条件にそれはよいものと見なす人たちである。しかし、よく考えてみよう。北朝鮮の正式国名は「朝鮮民主主義人民共和国」であり、また「シュタージ」と呼ばれた公安組織を使い、国民を秘密裏に監視したことで知られ、今は存在しない旧東ドイツも「ドイツ民主（主義）共和国」であった。むしろ、「民主主義」とついたほうがよほど疑わしい場合もある。

われわれは、「民主主義」が標榜されたときにはその内実を問うべきであり、「民主主義」といえば無条件によいものという安易な思考停止を避けなければならない。

全面的に民主主義にグルントヴィが賛同しないのは、歴史的にはこの時代、民主主義は否定的な内容をあわせもつ概念であったからである。民主主義の定義は、西欧の政治的学問の歴史では、プラトン、アリストテレスの定義を継承してきた。プラトンは『国家』という書物のなかで、民主制は寡頭政が堕落したときに生まれるものとした。

「[貧困に追い込まれた]貧しい人々が闘いに勝って、相手側の人々のある者は殺し、あるものは追放し、そして残りの人々を平等に国制と支配に参与させるようになったとき、民主制というものが生まれるのだ。そして大ていの場合、その国における役職は籤《くじ》できめられることになる」[16]

支配者となった民衆は、自由を名目に各自の欲望を追い求めて無政府状態になるが、そこに「国事に乗り出して政治活動をする者が、……ただ大衆に好意をもっていると言いさえすれば、それだけで尊敬され」[17]、彼らが僭主となって独裁制を敷く。

「最高度の自由からは、最も野蛮な最高度の隷属が生まれてくる」[18]

これは、過去において何度も繰り返されてきた歴史的な事実であり、ローマの共和政から帝政への移行、二〇世紀の大衆民主主義、たとえばワイマール体制からヒトラーの誕生など枚挙にいとまがない。

アリストテレスもまた、『政治学』という書物のなかで、民主制について同様の内容を述べている。

「[民主制のよいものは]ただ国民でありさえすれば、誰でも役に与り、そして法律の支配する

(16) 藤沢令夫訳『国家（下）』岩波文庫、557A、二二六ページ。
(17) 同訳書、558、二三〇ページ。
(18) 同訳書、564A、二四七ページ。

ものである」[19]が、「法律ではなくて、大衆がそこでは至高のもの」になる民主制では、「凡てが法律ではなくて、民会の政令によって決定される」[20]（同訳書、同ページ）。また、「民衆指導者は、このような性質の民衆のもとにおいて最も勢力を有する」とか、「このような民衆は独裁制のうちでは僭主制に比せられる」[21]と述べている。

二〇世紀の代表的な政治思想家カール・シュミットは、ケルゼン流の楽観的な民主主義論をその著『現代議会主義の精神史的状況（Die geistesgeschichtliche Lage des heutigen Parlamentarismus）』[22]で批判し、伝統的に民主主義のもつこうした独裁への危険性を指摘している。シュミットは民主主義を定義して、「論理的にはすべての民主主義の議論は一連の同一性にもとづいている」[23]とした。たとえば、「支配者と被支配者の同一性」、「量的なもの（数字上の多数性あるいは全員一致）と質的なもの（法律の正しさ）との同一性」などである。

しかし、この同一性はあくまでも理念、目標であり、現実的には真の同一性に達することはない。現実には、少数者のほうが正しく、多数者のほうがまちがっているということもありうる。フランス革命時のジャコバン派のように、少数の自分たちが一般意志を体現するもので、国民の真の代表者であり、それ以外の反対派は誤った存在であると主張することもできる。「実際、真の民主主義を代表する者だといって、この者に政治的な権利が認められると、そのことによって同時に新しい貴族政が生まれる」[24]

このことは、まさしく「民主主義を排除するために、民主主義を利用するという危険性」[25]を意味する。ジャコバン派がそうであったように、民主主義の名の下に全体主義が出現することになる。それゆえ、「独裁は民主主義の決定的な反対物ではないし、同様に、民主主義は独裁とまったく対立するものでもない[26]」

二〇世紀の大衆民主主義を見れば、これらの議論はよく理解できる。現代のわれわれは平板な学校教育とメディアによって、民主主義は無条件によいものと決めつけて疑うことはないが、歴史的には多くの識者が、民主主義のよさ（自由、平等など）を認めつつも同時にその危うさを指摘してきた。グルントヴィの時代の民主主義理解も、とりわけフランス革命のジャコバン派のテロリズムもあって、全面的によいものとはされなかったのである。

---

(19) 山本光雄訳『政治学』岩波文庫、1292a、一八九ページ。
(20) 同訳書、1292a、一九〇ページ。
(21) 同訳書、同ページ。
(22) 9te Aufl. Berlin, 2010、以下「GLP」と略。邦訳は、樋口陽一訳、岩波文庫、二〇一五年。
(23) GLP, S.35.
(24) GLP, S.36.
(25) GLP, S.37.
(26) GLP, S.41.

共和政の水脈

伝統的に、西欧の政治思想において、民主主義よりも重視されてきたのは共和政である。言い換えるならば、一人であれ多数であれ、恣意的な支配ではなく、人民が同意した客観的な法律による支配をよしとするもの、すなわち支配者は恣意ではなく、客観的な正当性をもつ法によって支配し、それは人民の同意にもとづくという考え方であった。

たとえば、ダントレーヴ（Alexandre Passerin d'Entrèves, 1902～1985）はその著『国家とは何か』で、プラトン、アリストテレス、キケロ、ローマ法、中世政治論などを仔細に検討して、その根底に法による支配、権力の制限を確認している。

「第一の、恐らく最も重要な帰結は、権力が制限された、責任を負うべきものとしてのみ把握され得た、ということである。権力が制限されるのは、支配者が単に法の執行者に過ぎないという理由による[27]」

この伝統は、マキァヴェリ、ホッブズ、ロック、スピノザ、ボダン、ルソーなどに引き継がれ、支配者は恣意的に支配するのではなく、正当性をもつ法律（もしくは自然法）に拠らなければ支配の正当性はないとされるのである。

強力な君主の独裁を認めたかのように、一般的に思われているマキァヴェリの『君主論』でさえ、「持つべき土台の基本とは、良き法律と良き軍備である。そして良き軍備のないところに良き法律はありえず、また良き軍備のあるところには必ずや良き法律があるであろうから」[28]と書かれている。マキァヴェリは決して独裁的な君主論者ではなく、基本的には共和主義者（ただし、国内の安定を保障するために領土を拡大する拡張的共和主義者であるが）であり、『ディスコルシ』では、「君主政体にしろ、共和政体にしろ、それが長期にわたって存続するためには、いずれもが法律によって秩序づけられていなければならない」[29]と述べている。

　人民と君主との、この関係を典型的に論じたのはホッブズである。彼の理解は、その後の社会契約説の基本的な論理となって、ロック、スピノザ、ルソーなどに継承された。

　ホッブズによれば、自然状態はいわゆる「万人の万人に対する戦い」なので、各人は他者からの攻撃という「恐怖」に苦しまなければならない。そこで、人々は強制力のある共通の権力を契約によって構築する。

「異邦人の侵入、相互の侵害から人々を守り、それゆえ自分自身の生業や地上からの恵みによって人々が自分自身を養い、継続的に生存できる形で人々を保障する共通の権力を設立するための唯一の方法が、一人の人間もしくは一つの合議体に人々のすべての力と強さを与えることである。

(27) 石上良平訳、みすず書房、一九七二年、一〇五ページ。
(28) 河島英昭訳『君主論』岩波文庫、一九九八年、九一ページ。
(29) 永井三朗訳『ディスコルシ』ちくま学芸文庫、二〇一一年、二五八ページ。

この合議体は、多数意見によって、彼らのすべての意志を単一の意志に還元できるものである[30]」

この一人格に統合された群衆は「コモンウェルス」と呼ばれる。これは「res publica（共和国）」の英語での表現である。

「このようにして、かの偉大なリヴァイアサン、あるいはもっと敬虔にいえば、可死の神が生成する[31]」

人民の権利（自然権）がすべて譲渡されたこの人格あるいは合議体は「主権者（Soveraigne）」と呼ばれる。主権者の権力、主権は、人民の相互の契約（mutuall Covenants）による人民の全面的な権利の譲渡によって生じるものであり、したがって、その起源を人民の相互契約にもつ。主権者の権力は、神から無条件に与えられたものではなく、人民の相互契約と主権者との臣民契約（譲渡による生存と権利の保護）によって制約されている。この関係があるかぎり、主権者が一人の君主であるか、それとも合議体（議会）であるかは二次的な問題にすぎない。君主制であっても、この共和政的な構造を守れば何ら問題はないのである。

ルソーになると、人民の側の権力抑制はさらに強化される。ルソーの場合は、主権は一般意志にあり、したがって人民にある。それゆえ、立法府や執政府の横暴を抑制するのは人民であり、護民官である。彼は『社会契約論』で人民集会について、以下のように述べている。

「不測の事態に対して緊急に対処するための臨時集会のほかに、どんなことが起こっても廃止したり延期したりすることのできないような、定例の周期的な集会が必要である」[32]
「人民が主権者の団体として合法的に集合するやいなや、政府のいかなる裁判権も中止し、執行権は停止されて、最下層の市民の身体といえども、最高の行政官の身体と同じく神聖で不可侵なものとなる。なぜなら、代表される者が、みずから出席しているところには、もはや代表者というものは存在しないからである」[33]

人民集会は一般意志を体現するものであるから、これが成立した時点で立法府、執政府への主権の譲渡は取り消され、人民集会でそれらの統治が吟味される。

このように、人民が一つの統治体、権力を構成するということは、人民が一つの共同体に自発的に統合することを意味する。国民国家、国民の誕生は共和政国家の成立、とくにその明文化としての憲法の制定を前提としているのである。フランス革命以後のフランス、ドイツ帝国、日本も含めて、近代の国民国家は、共和国であれ、立憲君主国であれ、共和政と憲法の制定を待って

---

(30) Leviathan, Penguin Books, London, 1968, p.227. 邦訳書として、水田洋訳『リヴァイアサン2』岩波文庫、一九九二年がある。
(31) ibid.
(32) 作田啓一訳『ルソー全集』第五巻、白水社、一九七九年、一九九ページ。
(33) 同訳書、二〇一ページ。

誕生した。憲法のあるところに国民があるのだ。

　西欧の政治理論、法学に底流として継続してきたこの伝統はグルントヴィにも意識されている。オヴェが書いているように、デンマークでは「一六六〇年に権力を握っていたのは国王ではなかった。権力は、人民によって国王に譲渡されていたのである。グルントヴィの著作では、この状況に戻ることが多い。グルントヴィの絶対王政についての見解を理解するためには、一六六五年のデンマーク国王法に定められた絶対王政を正当化する二つの人格的存在に注意することが重要となる。すなわち、国王の統治の権力は神を通して得られるが、他方で人民が『絶対的権力』を国王に譲渡するのである」（二六ページ参照）。

　それゆえ、グルントヴィは衆愚政治、僭主を誕生させかねない民主主義には懐疑的であるが、たとえ君主制を肯定するにせよ、「国王は『神の恩恵によって』権力を授かっているという神政政治的な考えとは距離を置いて」（二七ページ参照）、国王の統治はあくまでも人民、民衆によって承認されたもの、その権力は人民から国王に譲渡されたものである。したがって、民主主義の堕落に代わる保障として、人民による制御、法による統治、共和政的な統治構造をその根拠とする点で、グルントヴィもまた西欧の統治理論の系列に連なっている(34)。しかし、グルントヴィは、その根拠をギリシャ・ローマの伝統だけではなく北欧の伝統にも求める点で独自性を打ち出している。

『デンマークの四つ葉のクローバー』

グルントヴィのこうした姿勢、すなわち君主制を是とするが、それはあくまでも人民の承認を前提とするという彼の立憲君主制的な方向は、彼の代表的な著作の一つである『デンマークの四つ葉のクローバー（Det Danske Fir-Kløver eller Danskheden, partisk Betraget）』（一八三六年）によく表されている。本書では、（たぶん理由があって）オヴェはこの著作を正面から論じることをしていないが、グルントヴィを政治思想家として捉えるならば、第一にこの論文を対象とすべきだと思う。これはまさしく、「国王」「民衆」「祖国」「母語」をデンマークを支える四つ葉のクローバーとして、それらの関係について論じたものであり、当時のデンマークの統治のあり方に対するグルントヴィの考えが示されたものだからである。

以下で、前述してきた君主制の根底にある共和政的な構造がグルントヴィにもあることを再度明らかにしてみよう。これについては、幸いにも小池直人氏が訳されたすぐれた邦訳書（『ホイ

（34）ミカエル・ベスによれば、「グルントヴィは、イギリスの自由主義、ドイツ観念論、ならびにフランスとイタリアの政治哲学からアイディアを取り入れてきた」（Michael Böss, Between Tradition and Modernity : Grundtvig and Cultural Nationalism, in Building the Nation, N.F.S.Grundtvig and Danish National Identity, edited by John A. Hall, Ove Korsgaard and Ove K. Pedersen, McGill-Queen's University Press, 2015, p.80）という。これらは西欧の政治哲学の本流である。

スコーレ・上』所収、風媒社、二〇一四年）があるので、そちらも見られたい。

この論文の一つの特徴をなすのは、上で論じてきた共和政的な統治構造、すなわち国王の統治は人民の同意によるという枠組みについて、ギリシャ・ローマ以来の西欧の伝統ではなく、古代の北欧民族の統治を引き合いに出して論じられていることである。グルントヴィは次のように書いている。

「我々に必要なことは、少し注意深くサクソの『デンマーク年代記』を読むことである。それを読めば、『国王の絶対的な統治』と『民衆の言論の自由』こそが、遠い昔からの国家の法であることが分かる。その法は、『ペンとインク』では書かれていないが、それよりも現実にはるかに多くの内容をもっている[35]」

小池氏はここに注をあてて、「北欧の（国王）の権威・権力は『自然な体制』としての端緒においては明らかに民衆の権威に由来し、神的あるいは神話に由来する権威・権力という性格が語られはするが希薄であること、誤解を恐れずにいえば、古代ギリシャのポリスにも比すべき共和主義的な民主的権威・権力であったことになる。グルントヴィがデンマークの『自然な体制』として国王と民衆の自由な関係を称揚するとき、このようなことがらが念頭におかれねばならない[36]」と指摘している。これはまさしく的確な理解であり、「国王の絶対的な統治」と「民衆の言論の自由」は深い相関にある。国王は民衆の意見を聞き、それを考慮することなく恣意的な統治はできないのである。

小池氏は、その前の注（21）でも、「『自然な体制』とは、自由な人間による自由な言論の単一な体制であり、これは古代北欧の住民集会『シング』（デンマーク語では『ティン（ting）』といわれる）の制度などが念頭にある。そのさい『国王』に相当する者の選出さえ立法行為として行われたのだから、『自然な体制』のもとでは『国王』は政治的リーダーの意味にほぼ等しい[37]」と指摘する。

これもまったくそのとおりであり、古代北欧の王は、神より授権された絶対的な君主などではなく、民主的な話し合いにおいて選出されたリーダーであり、集会に参加した者の同意がその権力の起源である。ちなみに、この「集会（ting）」の語義は現代にも生きており、デンマーク国会（Folketing・民衆のティン）もまた、現代の「シング（ティン）」にほかならない。

デンマークはこのように古代から国王と民衆の自由な相関に基づいて統治されてきたが、もちろん歴史はいつもうまく運ぶわけではなく、内乱や混乱、対外的な戦争などがある。そういうと

---

(35) Grundtvig. Det Danske Fir-Kløver, in Værker i udvalg, udg.v.G. Christensen og H.Koch, 4 Bind, Gyldendal, 1940-1949, s.151. 小池氏の邦訳書、一二三ページ参照。

(36) 前掲訳書、注22、二九二ページ。

(37) 前掲訳書、注21、二九一ページ。

きは、聖職者、貴族、大地主などが暗躍して国が乱れた。上の表現は逆に使われ、「民衆が沈黙し、国王の両手が縛られるときは、自由な王国はもはや歴史をもたない」[38]。

グルントヴィにとって、国王と民衆のこの相互関係を望ましい形で現実に法制化したのが、すでに述べたように、一六六〇年の絶対王政の世襲制への移行（一六六五年の国王法の制定）と、一八三四年の四つの身分制地方議会（スレースヴィ、ホルステン、ヴィボー、ロスキレ）の設置であった。その間には、さまざまな要因や政策によって、聖職者、貴族層の没落があり、国王勢力とブルジョアジー、最後は農民層の勢力が強くなって国王と民衆が再び直接向き合うようになったのである。

「したがって、このこと［身分制地方議会の設置］は、［一六六〇年の絶対王政の確立に続く］第二の巨大な進歩であった。それによってデンマークは本来の統治体制を取り戻したのであり、デンマークは、今は全世界の目には、古代からそうであった自由な王国として映っている」[39]

すなわち、国王と民衆の自由な相関であり、「我々みなが知るように、国王の絶対的な統治は友人としての民衆からの贈り物であり、民衆の言論の自由は友人としての国王からの贈り物なのである」[40]。

制約はあれども、身分制地方議会での人々の発言はグルントヴィの予想を超えるものであった。彼は書いている。

「そのような民衆の声が、島嶼部の大土地所有者、市民層、農民たちによって自由に形成されたのであるが、これは私にとっては彼らの可能性についての私のイメージをはるかに超えるものだった[41]」

議会を通して民衆の声が国王に届き、それをもとに王国の政治が行われることは、デンマークが古代から行ってきた君主制ではあるが共和的な統治の再現である。それゆえに、「デンマークの民衆と市民社会は、それが再び自らの轍に入る前に、自分の位置づけを回復しなければならない。今や回復したのだから、他のことは自ずと生じるであろう。だから、問題は古いやり方を再び新しく生かすやり方である。それはもちろん、国王の手から与えられた古い民衆の声に新しい口が与えられて、それを使うことを意味する[42]」。グルントヴィからすると、身分制地方議会こそは「人為的ではあるが、自然な民衆の口[43]」であった。

---

(38) ibid. s.154. 前掲訳書、二九ページ参照。
(39) ibid. s.158. 前掲訳書、三六ページ参照。
(40) ibid. 前掲訳書、三七ページ参照。
(41) ibid. s.159. 前掲訳書、三八ページ参照。
(42) ibid. 前掲訳書、三九ページ参照。
(43) ibid. 前掲訳書、同ページ。

だが、「身分制地方議会」という名称が示すのとは反対に、グルントヴィからすれば諸身分は解体されなければならなかった。また、「出版の自由」も重要であった。グルントヴィ自身、クラウセンとの裁判で敗北し、著作の検閲を一二年間受けてきたという背景があるだけにこの自由は重視されねばならなかった。

歴代のデンマーク国王は検閲令を敷いた時期が長かったが、一七七〇年から一七九九年の期間においては検閲が廃止されたこともあった。グルントヴィはその時期にかこつけて、「我々の時代に適した民衆の声が、いわゆる出版のうえでの『公論』であったということがヨーロッパにおいて広く受け入れられた意見となるや否や、ヨーロッパはデンマークの絶対君主がほとんど無制限の出版の自由を許し、全世代に対して目に余る行き過ぎにも寛容であったことを見て、驚いたのである[44]」ともちあげている。出版の自由、言論の自由が、民衆の声が制限なく国王に届き、国民に広く討議されるために必要だった[45]。

諸身分が解体され、出版の自由、言論の自由が保障されて、民衆の声が自由にどこでも発せられるようになると、そこでは民衆が一体化されて「国民」となることが可能になる。

「民衆性（Folke-Ligheden）、民衆の平等性、司法の運営、市民の全秩序が父権的な君主から展開されるのと同様に、民衆の自由と利益に関する彼らのすべての生業が、民衆の自由な意見からスムーズに、穏やかに、完璧に展開されなければならない[46]」

グルントヴィは、こうした「民衆性」「国民」形成の機関として教会と学校を挙げているが、後者の学校とは、もちろんホイスコーレのことである。「それは、市民の若者たちの学校、ホイスコーレであり、そこでは身分制地方議会とその選挙民に私たちが願う啓発と自己形成がなされるのである[47]」

言論、出版の自由によって公論が形成され、ホイスコーレでの市民教育によって農民層を中心とした「民衆」が形成されていく。これは、ゲルナーが述べた教育によるハイ・カルチュアのなかでの国民形成と同じ構図である。通例、多くの国ではこの国民をブルジョアジーが担い、農民層、女性などは排除されるか、末端に置かれるかしてきたが、デンマークではそうではなかった。

---

(44) ibid. s.161. 前掲訳書、四二ページ参照。

(45) ティーネ・ダムスホルトは、「グルントヴィの議論は、自由な議論の方が議会で限定されたグループにいるよりも、はるかにたくさんの人々を含むことができるというものだった」と述べている（Tine Damsholt, “Hand of King and Voice of People”: Grundtvig on Democracy and the Responsibility of the Self, in Building the Nation, p.156)。出版の自由による公論の形成は、議会でのかぎられた人数での議論よりも、より多くの人々の意見を反映し、公共性を形成するとグルントヴィは考えているのである。

(46) ibid. s.162-163. 前掲訳書、四五ページ参照。

(47) ibid. s.164. 前掲訳書、四九ページ参照。

ハル・コックによれば、グルントヴィはブルジョアジーの政治組織であるナショナル・リベラルの支持者にならなかった。

「国民自由主義者たち（ナショナル・リベラル）は、自由と民主主義の勝利が、一般庶民が絶対王政や官僚の後見を断ち切って、国内の賢明で高度に教養ある自由の闘士に統治される立場に移ることを含意すると考えていた。彼ら国民自由主義者たちは民衆そのものを知らなかったのであり、民衆を信頼していなかった。これにたいして、グルントヴィにあっては事情がまったく違っていた。彼は幼年期から農民たちと親しかったし、彼の青年期全体を通じて民衆的・国民的覚醒をめざしていた[48]」

グルントヴィに率いられたホイスコーレ運動により、デンマークでは「民衆」概念はブルジョアジーと同義ではなく、農民や女性などマージナルな存在とされた側に力点が移動し、多くの先進国の「国民」概念とは異なる「民衆」概念によるデンマーク「国民」形成がなされたのである。

以上の見解を再度まとめると、この時期のグルントヴィは、君主制を是としながらも、それは民衆の言論の自由によって支えられ、身分制地方議会の意見を国王は尊重して、相互に協力し合って統治を行うことを説いている。それは君主制でありながら、共和政の構造を内包するものと言ってよい[49]。その際にもっとも重要となるのがホイスコーレであり、そこで民衆は啓発を受けて、単なるブルジョアジーや都市市民を超えて、通例は除外されるような幅広い層を含みつつ、自由な統治を支える「国民」となっていくのである。[50]

オヴェも書いているように、グルントヴィの思想はつねに同じではなく変遷がある。『四つ葉のクローバー』を書いた一八三六年には身分制地方議会を評価しているが、それより少し前はこれに懐疑的であった。ハル・コックは、「一八三八年になってもまだ彼は絶対王政の支持者であって、『王の手と民衆の声』が相互に承認し合えること希望していた[51]」が、そののち彼はこれを反省して議会を重視し、彼自身議員となって「憲法制定会議の王国議会に参加したときには、議

---

(48)　小池直人訳『グルントヴィ』風媒社、二〇〇七年、一四三～一四四ページ。

(49)　ティーネ・ダムスホルトは、前掲論文で「グルントヴィの民主主義と代議制統治の考え方は、一八世紀の政治哲学に（および共和主義哲学にさえ）負っている。この哲学は、人民の概念、人民の一般意志、国王と民衆の相互の契約としての絶対君主制の概念を中心的な概念とするものである」（ibid. p.165）と書いている。彼女もまた、君主制でありながら共和政の構造を含むことを認めている。

(50)　オヴェによれば、デンマークの農業が資本主義経済に取り込まれる際、その防波堤として、農民たちが産業化された農業を選ばず協同組合を組織したのは、ホイスコーレ運動の成果であるという。「大部分のデンマーク農民は後者（協同組合）を選択し、彼らの酪農場、屠殺場、流通ネットワークを大規模な協同組合社会の形式で組織した。ホイスコーレでの民衆のエンパワーメントと普通教育の一般的な改善が、農民たちが協同組合モデルを選んだ中心的な理由としばしば見られている」（Ove Korsgaard, Grundtvig's Idea of a People's High School and Its Historical Influence, ibid. p.319）

(51)　小池直人訳『グルントヴィ』風媒社、二〇〇七年、一四二ページ。

会のもっともラディカルな成員となった」[52]と書いている。

グルントヴィがいかに議会で、選挙権を富裕層に制限しようとする保守層やそれと妥協したナショナル・リベラルと闘ったかは、本書第11章に書かれている彼の上院議員での演説によく示されている。彼はチュアニングとともに、多数派が議決した選挙権を制限する新憲法を、国王にかけあって憲法を有効にする署名をさせないことで公布を阻止しようとまでした。

グルントヴィは確かに国王と付き合いがあり、君主制を全面否定することはなかったが、彼の政治的な立場は、ブルジョアジーや保守層に抵抗する農民を中心とした民衆の側にますます移行した。そこが彼の魅力であり、現代においてさえなおもリベラリストから左翼の人々まで、グルントヴィの言葉が引用され、彼の思想にもとづいて活発な議論がなされている所以なのである。

オヴェは第6章の末尾で、デンマークに拡がりつつある移民への排除意識の責任をグルントヴィに負わせるのはまちがいと指摘している。とはいえ、言語と文化の共通性に立つ彼の「民衆」概念が、言語も文化も宗教も異なる現代のイスラム系の移民にはあてはまらないことは確かである。彼らは基本的に、デンマーク語を母語とし、教会に通ってグルントヴィの賛美歌を歌うことはありえない。グルントヴィのオリジナルの「民衆」概念に依拠するかぎり、それは移民を排除する機能をもつ。

しかし、ここで述べてきたグルントヴィの思想のもう一つの立脚点、すなわち民衆が政治に参加し、自由に発言して、それが統治者（現在では、国王ではなく内閣）を規制し、あるいは承認するという共和政のシステムに立てば、イスラム系移民も民衆に統合可能である。現在のデンマークは、外国人は地方選挙の選挙権と被選挙権をもつが、国政選挙は国籍を取得しないかぎり参加できない。言語、文化、宗教が違い、出身の異なる移民であっても、国籍を取ってデンマークの市民権を得るならば、デンマーク国民（民衆）として統治者との相互作用に立つことができる。

グルントヴィが「競争（アゴーン）」を重視したことはオヴェも書いているが（七一ページ参照）、文化的にも外国人たちがデンマーク人たちと切磋琢磨し、相互が自己主張して、多文化、多様性のなかで共通の相互了解が可能になったとき、それが現代の「民衆」文化ということができるだろう。そのように考えれば、グルントヴィの「民衆」概念は、より広い射程をもつといえるのではないだろうか。

（52）同訳書、一四四ページ。

訳者あとがき

オヴェがグルントヴィを政治思想家として捉えようとしているということは、二〇一二年三月、彼に直接会ったときに聞いた。当時、私が『フィヒテの社会哲学』という大著をまとめようとしていたころで、その概要を説明すると大変な関心を示していた。グルントヴィ自身、国民国家形成ではフィヒテの影響を受けており、オヴェもちょうど『政治思想家としてのグルントヴィ』を執筆中だったからである。このような視点は、オヴェが二〇〇四年に出した大著『国民をめぐる戦い（Kampen om folket）』（Gyldendal）の執筆を通じて得たものだと思われる。

彼はその後、フランシス・フクヤマ、アンソニー・スミス（ナショナリズム研究の大家）、ロジャー・パトナム（ソーシャル・キャピタルの概念で有名）などと共同研究を行い、『国民の形成、グルントヴィとデンマークのナショナル・アイデンティティ（Building the Nation, N.F.S.Grundtvig and Danish National Identity）』（McGill- Queen's University Press, 2015）などを共同編集して刊行している。

『政治思想家としてのグルントヴィ』にかんしては、原典のデンマーク語版ではなく英訳版が二〇一四年の九月に刊行されたとき、親切にも私に送付してくれた。一読して、これは政治思想から見るという独自の視点をもちつつ、同時に平易なグルントヴィの入門書にもなると思った。そこで、株式会社新評論の武市一幸氏に翻訳を打診すると、二つ返事で出そうということになった。もともとのデンマーク語版は、大学生など向けに書かれた思想家の平易な入門書のシリーズの一巻で、ハンナ・アーレント、マルクス、ジョン・ロールズ、カール・シュミット、ミシェル・フーコー、ユルゲン・ハーバマスなどのなかに、デンマーク・オリジナルとしてグルントヴィの巻がある。

最初は原典のデンマーク語版から訳していたが、参考までに英語版と照らし合わせると、かなり文章が違うことに気づいた。デンマーク語版は簡潔に書いてあるが、英語版ではだいぶ付加されているのである。しかも、デンマーク人なら自明の歴史的な事実が、英語版はそれを知らない外国人読者を想定して、詳しい説明が付いていた。本人にメールなどで尋ねたりしていくと、英語版のほうが改訂版になり、彼の最終的な考えが書かれているので、そちらを原典として訳してほしいという依頼を受けた。だから、オヴェの執筆した第1部は英語版がテキストになっている。

第2部のグルントヴィの詩と講演録は、デンマーク語の原典から訳した。これはグルントヴィのオリジナルのテキストである以上、重訳は避けるべきだと考えたからである。実際、英語訳は語彙もかなり変えて、現代人にわかりやすくするために結構意訳をしており、大胆に解釈しすぎではないかと思う一面もあった。

拙訳は、英訳よりは原文に近いものになっている。ただし、グルントヴィの原文は、現代デンマーク人でさえも敬遠する一筋縄ではいかない込み入った文章である。わかりやすい訳を心がけたが、原文自体が屈折した表現なので、どこまで意を伝えているかは心もとない面もある。

今回も、グルントヴィ・ムーブメントの中心地であるコペンハーゲンのヴァートフ（現在「グルントヴィ・フォーラム」と名称変更）に滞在し、グルントヴィ図書館で主要部分を訳した。ヴァートフにはオーフス大学グルントヴィ研究所のコペンハーゲン支部があるが、ちょうど所長のミカエル・シェル（Michael Schelde）が来ていて、「オヴェから君のことはよく聞いている」と挨拶され、支部に呼ばれて、彼らが刊行したグルントヴィの著作の英訳版、The School for Life : N.F.S. Grundtvig on Education for the People, edit. Edward Broadbridge, Clay Warren and Uffe Jonas, Aarhus University Press, 2011）をもらった。この本は小池直人さん（名古屋大学）からも聞いていた英訳版で、グルントヴィの原典理解に大いに参考になり、結構高価でもあるので大変ありがたかった。もちろん、今回の「解説」でも多大の益があった。グルントヴィ図書館では、いつものように司書のリセロッテ（・ラーセン）に不明な点でいろいろ助けてもらった。

オヴェはデンマークの歴史、社会、政治的文脈のなかで、政治思想家としてのグルントヴィを明らかにしている。それゆえ、解説ではより広い視野で、ヨーロッパの政治思想史のなかで捉えてみた。オヴェの本文とあわせて読めば、政治思想家としてのグルントヴィがもつ幅広い可能性が見えてくると思われる。グルントヴィ自身は、とくにフィヒテとの関係が強いと思われるが、それについては拙著『フィヒテの社会哲学』（九州大学出版会、二〇一三年）で少し論じているので、そちらを参考にされたい。

わが国では、ハル・コックの定評ある伝記の翻訳からはじまり、グルントヴィの難解な原典を次々と翻訳されている小池直人さんの精力的なお仕事もあって、グルントヴィについての理解も進んでいるようである。そのことはまた、イギリス、フランス、ドイツなどといった、日本がずっと参考にしてきた近代化とは異なった、もう一つの可能性をもったデンマーク社会の理解が進むということも意味する。これは小池さんも絶えず示唆されていることでもある。デンマークにおけるグルントヴィの権威の一人、オヴェのこの小さな書物の翻訳が、そうした動きに少しでも寄与できれば訳者としてうれしく思う。

株式会社新評論の武市一幸氏には、いつものとおり、何から何までお世話になった。こうした仕事に温かい理解をもち、よい本にするためにあれこれと適切なアドバイス、修正などをして下さる。ただ、感謝するばかりである。

二〇一五年　一二月

清水　満

1831年　22
『世界年代史（Verdens-Krønike）』1812年　22
『デンマークの韻文年代記（Den danske Rimkrønike）』1834年　24
『市民の教育について（Om Borgerlig Dannelse）』1834年　26
『時代の記憶の中で（Mands Minde）』（連続講義）1838年　27
『宗教の自由（Om Religions-Frihed）』1827年　31
『デンマークの法律専門家たちへの重要な問い（Vigtige Spørgsmaal til Danmarks Lovkyndige）』1826年　31
『世界年代記ハンドブック（Haandbog i Verdens-Historien）』1833年　32
『北欧神話（Nordens Mytologi）序文』1832年（小池直人訳「普遍的哲学・学芸――『北欧神話記』への第一序論」『生の啓蒙』所収、風媒社、2011年）
『基本的なキリスト教の教え（Den Christelige Børnelærdom）』1868年　43
『学びとその進歩について（Om Videnskabeligheden og dens fremme）』1807年　52
『民衆の文化とキリスト教（Folkelighed og Christendom）』1847年　52
『デンマークへの祝福、デンマークの愚か者、デンマークのホイスコーレに関して（Lykønskning til Danmark med det Danske Dummerhoved og den Danske Højskole）』1847年　52

Kilder til demokratiets historie 1750-2000, Tusculanums Forlag.

・Rousseau, J-J.（2009/1772）“Betragtninger over Polens styreform og dens påtænkte omdannelse”, i Rousseau Politiske skrifter. Forlaget Klim.（J-J・ルソー／永見文雄訳『ポーランド統治論』、『ルソー全集』第五巻、白水社、1979年）

・Sørensen, Arne（1937）Det tredje Standpunkt, Dansk Tidsskrift 1. årgang.

・Thanning, Kaj (1949) “Grundtvig og den grundlovgivende Rigsforsamling”, i Grundtvig Studier.

・Thanning, Kaj（1971）For menneskelivets skyld, Gyldendal.

・Vico, Giambattista（1998/1725）Den nye videnskab, Gyldendal.（ヴィーコ／清水純一・米山喜晟訳『新しい学』中公バックス世界の名著33巻、中央公論社、1979年、上村忠男訳『新しい学』法政大学出版会、2007～2008年）

・Zahle, Henrik（2005）Praktisk retsfilosofi, DJØFs Forlag.

・Østergaard, Uffe（2006）“Denmark: A big small State”, in John L. Campbell, John A. Hall, and Ove Kaj Pedersen (ed.) National Identity and the Varieties of Capitalism. The Danish Experience, McGill-Queen’s University Press.

【言及されたグルントヴィの著作】

『世界における人間（Om Mennesket i Verden)』1807年（小池直人訳、風媒社、2010年）

『北欧神話（Nordens Mytologi)』1808年　8

「新年――新しい朝（Nyår-Morgen)」1824年　9

『教会からの返答（Kirkens Genmæle)』1828年　9

『北欧神話（Nordens Mytologi)』1828年　8

『デンマーク教会のための賛美歌集（Sang-værk til Den danske Kirke)』第1巻1836年

雑誌『デンマーク人（Danskeren)』1848年～1851年

『国家の啓蒙（Statsmæssig Oplysning)』1834年（小池直人訳「国家的啓蒙」『生の啓蒙』所収、風媒社、2011年）18

『政治的な考察（Politiske Betragtninger med Blik paa Danmark og Holsteen)』

- Lundgreen-Nielsen (1992) Grundtvig og danskhed, i Ole Feldbæk (red.) Dansk identitetshistorie, bd. 3, Reitzels Forlag.
- Meyer, Poul (1959) Politik. Statskundskab i grundtræk, Arnold Busck.
- Montesquieu (1998/1748) Om lovens ånd, Gads Forlag. (モンテスキュー／野田良之他訳『法の精神』上巻、岩波文庫、1989年)
- Møller, Erik (1950) Grundtvig som samtidshistoriker, Gyldendal.
- Møller, Jes Fabricius (2005) Grundtvigianisme i det 20. århundrede, Vartov.
- Müller, Jan-Werner (2011) Contesting Democracy. Political Ideas in Twentieth-Century Europe, Yale University Press.
- Nevers, Jeppe (2011) Fra skældsord til slagord. Demokratibegrebet i dansk politisk historie, Syddansk Universitetsforlag, Odense.
- Pedersen, Kim Arne (2004) "Grundtvig om samfundspagt, gensidig frihed og menneskerettigheder i ca. 1840", Grundtvig Studier.
- Pedersen, Ove Kaj (2006) Grundloven og den danske stat", i Henrik Zahle, (ed.), Grundloven. Danmarks Riges Grundlov med kommentarer, København.
- Pedersen, Ove Kaj (2011) "Grundtvig som samfundsbygger", Foredrag den 30. januar 2011 på Vartov.
- Politiken 9. 9. 1933
- Rasmussen, Anders Fogh (2005) Kristeligt Dagblad 30. november 2005.
- Rasmussen, Hjalte (2008) "Constitutional Laxity and High International Economic Performance: Is There a Nexus?" I John L. Campell, John A. Hall, and Ove Kaj Pedersen (ed.) National Identity and the Varieties of Capitalism. The Danish Experience, McGill-Queen's University Press.
- Rigsdagstidende, 1850, 2. Session.
- Rigsdagstidende (Landstinget), 1866.
- Rawls, John (1999) Law of the Peoples, Harvard University Press. (ジョン・ロールズ／中山竜一訳『万民の法』岩波書店、2006年)
- Rostbøll, Christian F. (2011) Habermas, Jurist-og Økonomforbundets Forlag.
- Rousseau, J.-J. (2006/1762) Samfundspagten, i Mogens Herman Hansen

Hein Rasmussen og Niels Kayser Nielsen Striden om demokratiet, Aarhus Universitetsforlag.

・Henningsen, Poul（2003/1946）"Striden om demokratiet", i Søren Hein Rasmussen og Niels Kayser Nielsen Striden om demokratiet, Aarhus Universitetsforlag.

・Højrup, Thomas（2002）Dannelsens dialektik, Gyldendal.

・Jørgen Jørgensen（2003/1945）"Demokratiet har ret til at forsvare sig", i Søren Hein Rasmussen og Niels Kayser Nielsen Striden om demokratiet, Aarhus Universitetsforlag.

・Koch, Hal（1959）N.F.S. Grundtvig, Gyldendal.（ハル・コック／小池直人訳『グルントヴィ、デンマーク・ナショナリズムとその止揚』風媒社、2007年）

・Koch, Henning（2010）"Staging a self-deception: "Nordic exceptionalism in constitutional review" ─The Danish play", (manuscript under publication 2012, in my possession).

・Korsgaard, Ove（1986）Kredsgang. Grundtvig som bokser, Gyldendal.

・Korsgaard, Ove（2004）Kampen om folket. Et dannelsesperspektiv på dansk historie gennem 500 år, Gyldendal.

・Korsgaard, Ove（2006）"The Danish Way to Establish the Nation in the Hearts of the People", In John L. Campbell, John A. Hall, and Ove Kaj Pedersen（ed.）National Identity and the Varieties of Capitalism. The Danish Experience, McGill-Queen's University Press.

・Korsgaard, Ove（2007）"Folket som dannelseskategori", i Joakim Garff: At komme til sig selv, Gads Forlag.

・Larsen, Esben, Lunde（2012）"Frihed for Loke såvel som for Thor. N.F.S. Grundtvigs syn på åndelig frihed i historisk og aktuelt perspektiv."（publiceres i 2012）

・Lehmann, Orla（1860）fra www.Danmarkshistorisk oversigt. Systime. dk.

・Lindberg, Niels Grundtvigs politiske Stade, Odense.

・Lindhardt, P.G.（1964）Grundtvig, Gads Forlag.

・Lundgreen-Nielsen, Flemming N.F.S. Grundtvig, Arkiv for Dansk Litteratur. www.adl.dk/

Niels Kayser Nielsen Striden om demokratiet, Aarhus Universitetsforlag.

· Frisch, Hartvig (1933) Pest over Europa, Forlaget Fremad.

· Greenfeld, Liah (1992) Nationalism: Five Roads to Modernity, Harvard University Press.

· Grundtvig, N.F.S. (1817) Danne-Virke bd. 2.

· Grundtvig, N.F.S. (1826) Vigtige Spørgsmaal til Danmarks Lovkyndige, København.

· Grundtvig, N.F. S. (1831) Politiske Betragtninger med Blik paa Danmark og Holsteen, København.

· Grundtvig, N.F.S. (1834) "Den danske Rimkrønike", i Den Nordiske Kirke-Tidende.

· Grundtvig, N.F.S. (1839) Tale til Folkeraadet om Dansk Kirkefrihed, København.

· Danskeren = Grundtvig, N.F.S. (1848-1850) Danskeren I, II, III.

· Grundtvig, N.F.S. (1904-1909) Udvalgte Skrifter, bd. 1-10, Nordisk Forlag, København.

· Grundtvig, N.F.S. (1940-1949) Værker i Udvalg, bd. 1-10, Nordisk Forlag, København.

· Grundtvig, N.F.S. (1968) Grundtvigs Skoleverden bd. 1-2, Gads Forlag.

· Grundtvig, N.F.S. (1877) Mands Minde. Karl Schønbergs Forlag, København.

· Grundtvig, N.F.S. (1877a) "Mindetale over Kong Frederik den sjette", i Grundtvig, Kirkelige Leilighedstaler, København.

· Grundtvig, N.F.S. (1983) Statsmæssig Oplysning, udgivet af K.E. Bugge og Vilhelm Nielsen, Arnold Busck.

· Habermas, Jürgen (2001) Politisk filosofi, Gyldendal.

· Hardt, Michael and Negri, Antonio (2001) "Globalizastion and Democracy", i Olwui Enwezor m.fl. (red.) Democracy Unrealized. Dokumenta 11_Platform 1. Hatje Cantz Publishers.

· Hardt, Michael and Negri, Antonio (2003/2000) Imperiet, Informations Forlag

· Henningsen, Poul (2003/1945) "Frihed med eller uden rabat?" i Søren

参考文献一覧

- Adriansen, Inge（1990）Fædrelandet, folkeminderne og modersmålet, Sønderborg.
- Agamben, Giorgio（1998/1995）Homo Sacer, Stanford University Press.（ジョルジュ・アガンベン／高桑和巳訳『ホモサケル』以文社、2007年）
- Andersen, Poul（1940）Grundtvig som Rigsdagsmand og andre afhandlinger, Nordisk Forlag.
- Andersen, Poul（2003/1945）"Om demokratisk frihed", i Søren Hein Rasmussen og Niels Kayser Nielsen Striden om demokratiet, Aarhus Universitetsforlag.
- Auken, Svend:（2002）Kristelig Dagblad 3. juni 2002.
- Auken, Sune（2005）Sagas spejl, Gyldendal.
- Beretning om Forhandlinger paa Rigsdagen 1849.
- Birkelund, Regner（2009）Frihed til fælles bedste, Gyldendal.
- Bjørn, Claus（2007）Grundtvig som politiker. Udgivet af Thorkild C. Lyby, Anis.
- Blondel, Jean（1998）Democracy and constitutionalism, United Nations University Press.
- Borgbjerg, Frederik（1933）Social-Demokraten 9.9.1933.
- Brandes, Georg（1987）Udvalgte skrifter, bd. 9, Tiderne Skifter.
- Bugge, K.E.（2003）Grundtvig og slavesagen. Aarhus Universitetsforlag.
- Baagø, Kaj（1955）"Grundtvig og den engelske liberalisme", i Grundtvig-Studier.
- Dam, Poul（1983）Politikeren Grundtvig, Aros.
- Damsholt, Tine（1994）Troen på folkeviljen, Kroghs Forlag.
- Damsholt, Tine（1995）"Jeg er en gammel Royalist, det ved De nok". Elementer i Grundtvigs tænkning, Grundtvig Studier.
- Christensen, Aksel E.（1976）Danmark, Norden og Østersøen, Den danske historieforening, København.
- Engelstoft, Laurits（1808）Tanker om Nationalopdragelsen, Gyldendal.
- Fog, Mogens（2003/1945）"Nazismens arv", i Søren Hein Rasmussen og

第10章

（1）政治家で1809年からオーストリア帝国の外務大臣を務め、1848年の自由主義の革命時に辞職せざるをえなかった。巻末の人物一覧も参照。

（2）グルントヴィはここでアイザー問題、すなわちスレースヴィ全部がデンマーク王国に帰属すべきだと騒ぎ立てるナショナル・リベラルに警告を発している。

（3）グルントヴィは、デンマーク語の「parti」がもつ二つの意味、政治での「政党」と格闘技の「試合、組み合わせ」をかけた駄洒落を述べている。

（4）巻末の人物一覧を参照。

（5）巻末の人物一覧を参照。

（6）スウェーデンとフィンランドの間の海峡。バルト海の最北端になる。

（7）デンマークとスウェーデンの間の海峡。

（8）神聖ローマ帝国皇帝（1765～1790）で、絶対王政下で比較的啓蒙的な治世を行った。巻末の人物一覧も参照。

（9）グルントヴィは、3月11日にカシーノ劇場で開かれたナショナル・リベラルが取りしきった集会を示している。

（10）フランスの作家、詩人、政治家。彼は第二共和国（1848～1851年）の設立に力があった。巻末の人物一覧も参照。

第11章

（1）グルントヴィは、このとき82歳だった。

（2）すなわち、クリスチャン9世（Christian IX, 統治期間1863～1906年）のこと。

者。巻末の人物一覧も参照。

（9）ナポレオンがドイツを蹂躙したことに応え、祖国解放をめざす体操クラブを創設。巻末の人物一覧も参照。

（10）育徳同盟（1808～1810）は700人の構成員をもつ秘密の政治結社。国民精神の復活を目的とした。

（11）第6次対仏大同盟の戦争（解放戦争、1812～1814年）でヨーロッパ諸国の大同盟は最終的にナポレオンを倒し、流刑に追いやった。

（12）巻末の人物一覧を参照。

（13）この新聞はナポレオンと戦うために1815年に創刊され、ドイツ人の作家でジャーナリストのジョゼフ・フォン・ゲレスが編集した。巻末の人物一覧も参照。

（14）ウィーン会議（1814～1815年）が、ナポレオン戦争後のヨーロッパの政治的な地図を書き換えた。

（15）最初の伝説的な歌合戦（Sängerkrieg）は、1207年のチューリンゲンのヴァルトブルク城での吟遊詩人たちのコンテストである。歌合戦での詩は、中高ドイツ文学の重要な部分になっている。

（16）デンマーク語では「landsmanddskaber（学生組合、同郷組合）」。加盟は学生の出身地に従う。グループ同士の抗争がつきものであった。

（17）巻末の人物一覧を参照。

（18）ウィーン条約の草案を書き、それが「キリスト教の博愛が政治の領域に導入される」ことを表すと主張した。巻末の人物一覧も参照。

（19）巻末の人物一覧を参照。

（20）1820年に殺人罪で処刑されたが、ドイツの多くのナショナリストたちには殉教者となった。巻末の人物一覧も参照。

（21）1819年、コペンハーゲンと一部の他の都市でユダヤ人迫害が起きたが、グルントヴィはこれを激しく非難した。

(12) 神がフェンリスを拘束するのを助けるために、戦いの神トールは自分の手を狼の口に当て噛ませる。これは、グルントヴィにおいては、利己的な意志に対する名誉を象徴する。
(13) ロキは自分の息子フェンリスが受けた屈辱に仕返しすることができない。

第9章

(1)『韻文による年代記（*Rimkrønnike*）8』。デンマーク王についての詩のコレクション。最初の版は1495年にデンマーク語で初めて印刷された。
(2) グルントヴィに啓発されて、6年後の1844年、最初のホイスコーレがレディンに設立された。
(3) 偉大な北欧の抒情詩人アダム・エーレンスレヤー（Adam Oehlenschläger, 1779～1850）の「大ベルト海峡を渡る旅」から。
(4) テニスコートの誓いは、1789年7月20日に室内テニスコートで、自発的に集まった国民議会のメンバーによってなされた。それは、「王国の憲法が制定されるまで、状況が要求するところならどこでも別れずに集まるため」であった。
(5) フランスの政治家、歴史家、第三共和国の設立者で初代大統領（1871～1873年）。巻末の人物一覧も参照。
(6) 1834年にフレゼリク6世によって設立された四つの身分制地方議会の別名。絶対王政としての国王に助言する。この議会の活動によって、1849年のデンマークの民主主義の導入につながった。巻末の人物一覧も参照。
(7)「ドイツ観念論」として知られる哲学潮流の一人。ベルリンをフランス軍が支配するなかで行われた講演『ドイツ国民に告ぐ（*Reden an die deutschen Nation*）』（1807/1808年）で有名。巻末の人物一覧も参照。
(8) 1802年のコペンハーゲンでの九つの講義（グルントヴィも参加）で、ドイツロマン主義をデンマークに紹介した。個人主義の擁護

一訳、岩波書店、2006年、46～47ページ）

（7）Georgio Agamben : Homo Sacer, 1998:176.（『ホモサケル』（高桑和巳訳、以文社、2007年、240ページ）

（8）Hardt and Negri : "Globalization and Democracy", 2002:326.

（9）以下を参照せよ。Jan-Werner Müller, *Contesting Democracy*, 2011, p.106.

（10）Esben Lunde Larsen : "An Ongoing Influence", 2014.

（11）Thomas Højrup : *Dannelsen dialektik*, 2002.

（12）Ove Korsgaard : *The Struggle for People*, 2008.

第8章

（1）靴屋の比喩。

（2）デンマークの魔法を歌ったバラードでは、邪悪な継母（狼人間）が子どもたちを野生の獣に変える。

（3）砕け散る波のこと。

（4）これは、おそらく蒸気機関の技術革新に関連していると思われる。グルントヴィは1829年のイギリスへの旅で見聞きした。

（5）グルントヴィはイギリス社会の競争的な性質と社会を活性化するその精神にかなり影響を受けた。

（6）学び、思想、信仰の終わりなき海は宇宙の中心にある巨大なトネリコの樹であるユグドラシルの枝に止まっている鷲の目（人間の精神）さえを超える。

（7）真の生きた言葉は神聖なロゴスに関連し、その使用は語られる言葉のうちにある。真の教育についてのグルントヴィ思想の基礎概念である。

（8）「ラグナロク」は世界の終わりを示す終末論的な出来事のこと。

（9）父はロキのこと。

（10）ブラギはオーディンの息子。詩と雄弁の神であらゆる詩で最も優れたものを示す。

（11）自分の意志をもったフェンリスのこと。

第5章

（1）177～178ページを見よ。

（2）178～179ページを見よ。

（3）以下を参照せよ。Inge Adriansen, 1990, p.52.

（4）180～181ページを見よ。

（5）162ページを見よ。

（6）Uffe Østergaard : "*Denmark : A Big Small Stae*", 2006.

（7）203ページを見よ［文章の流れ上、訳文を少し変更せざるをえなかった］。

（8）196ページを見よ。

（9）Q.f. Poul Dam : *Politikeren Grundtvig*, 1983.

（10）以下を参照せよ。Jan-Werner Müller : *Contesting Democracy*, 2011.

第6章

（1）J.-J.Rousseau : *The Government of Poland*, 1992/1772. J - J ・ルソー『ポーランド統治論』（永見文雄訳『ルソー全集』第5巻、白水社、1979年）。

（2）Hjalte Rasmussen : "Constituional Laxity and High International Performance", 2008.

（3）Hennig Koch : "Staging Constituional Identy : The Danish Play", 2014.

第7章

（1）Sørensen 1937, p.97.

（2）Borgberg 1933.

（3）Hartvig Frisch : *Pest over Europa*, 1933.

（4）Ove Korsgaard : *Kampen om folket*, 2008, p.78.

（5）以下の引用は Rassmussen & Nielsen 2003 から。

（6）John Rawls : Law of the Peoples, 1999:35.（『万民の法』中山竜

（4）Vico 1998 : 199　ヴィーコ『新しい学』（清水純一・米山喜晟訳、中公バックス世界の名著33巻、中央公論社、1979年、200ページ）。
（5）Jürgen Habermas : *Politisk filosofi*, 2001. ユルゲン・ハーバマス『政治哲学』（2001年）を参照せよ。
（6）J-J. Rousseau : *The Social Contract,* 2002/1762. ルソー『社会契約論』第3篇第4章民主政について（作田啓一訳『ルソー全集』第5巻、白水社、1979年、175ページ）。
（7）Georg Brandes : *Udvalgte skrifter*, bd.9, p.7.

第4章

（1）Q.f. Kaj Baagø : *Grundtvig og den engelske liberalisme*, 1955.
（2）133ページを見よ。
（3）136ページを見よ。
（4）K.E.Bugge : *Grundtvig og slavesagen,* 2003, p.70.
（5）K.E.Bugge, p.128.
（6）K.E.Bugge, p.183.
（7）Kaj Thaning : Grundtvig og den grundlovgiverende Rigsforsamling, *Grundtvig Studier*, p.38.
（8）Hal Koch : *Grundvig*, 1959.　ハル・コック『グルントヴィ、デンマーク・ナショナリズムとその止揚』（小池直人訳、風媒社、2007年）。
（9）133〜134ページを見よ
（10）1848年のスレースヴィ救援協会での講演では、グルントヴィは以下のように語っている。「私は、『秩序なき自由』と『自由なき秩序』という二つの悪のうちよりましなほう、すなわち『秩序なき自由』を選ぶことを決して後悔はしません。イギリスで私がこれを見て以来、少なくとも『秩序なき自由』は、つねに『自由なき秩序』よりも私にとってはよりよいものでした」176ページを見よ。

原　注

第１章

（１）グルントヴィの語ったことに関連しては、脚注は含まれない。オリジナルの原典からとする。

（２）以下の書を参照せよ。Liah Greenfeld : *Nationalism : Five Roads to Modernity,* 1992. p.2.

（３）原注第８章（1）を見よ。

第２章

（１）Aksel E. Christensen : *Danmark, Norden, Østersøen,* 1976, p.265.

（２）Engelstoft 1808, p.266.

（３）Engelstoft 1808, p.182.

（４）Montesquieu : *On the Spirit of Lows,* 2001/1748. モンテスキュー『法の精神』（野田良之他訳『法の精神（上）』岩波文庫、1989年、106ページ以下）。

（５）Hobbes 1949 : 135. トマス・ホッブズ『市民論』（本田裕志訳『市民論』京都大学学術出版会、2008年、238～239ページ）。

（６）以下を参照せよ。Tine Damsholt : "*Hand og King and Voice of People*" 2014.

第３章

（１）Benedict Anderson : *Imagined Communities,* 1983. ベネディクト・アンダーソン『想像の共同体』（白石隆・白石さや訳『定本想像の共同体』書籍工房早山、2007年）。

（２）Gruntvig, *New Year's Morning,* 2009/1824.　グルントヴィ『新年の朝』。

（３）Vico 1998 : 523. ヴィーコ『新しい学』。

レーマン，オルラ（Orla Lehmann, 1810～1870）19世紀デンマークの法律家、政治家。農民たちも変革に加わるべきだと説き「農民の友」協会の共同設立者となる。1848年の革命時には、カシーノ劇場で演説をした一人。モンラズを助けて、1849年の憲法草案を執筆した。
48、49、92、174

ロック，ジョン（John Locke, 1632～1704）イギリスの哲学者。イギリス経験論の始祖であり、また『統治二論』（加藤節訳、岩波文庫、2011年）は近代社会契約論の古典として、後世に大きな影響を与えた。17

ロールズ，ジョン（John Rawls, 1921～2002）現代アメリカの哲学者。功利主義を批判し、リベラリズム、社会契約論を復活させた主著『正義論』（川本隆史他訳、紀伊國屋書店、2011年）が有名。現代政治哲学を語る上で欠かせない古典となっている。
iv、8、119、120

ーゲン大学教授で、EU 法を専門とした。107、124、125

ラーセン，エスベン・ルンデ（Esben Lunde Larsen, 1978～）デンマークの自由党国会議員。2005年には教育大臣などを務める。125

ラファール，J・A（J.A.Raffard）19世紀フランスの改革派牧師。コペンハーゲンでは賛美歌をいくつか残している。65

ラマルティーヌ，アルフォンス・デ（Alphonse de Lamartine, 1790～1869）フランスの作家、詩人、政治家。7月革命以降、議員、外相などになり、左翼的共和主義の立場で活躍するが、ルイ・ナポレオンに負けて失脚。182

リンハルト，P・G（Poul Georg Lindhardt, 1910～1988）デンマークのオーフス大学神学部教授で教会史・教義史を教える。9

リンベア，ニールス（Niels Lindberg, 1829～1886）グルントヴィ派の牧師。グルントヴィの息子フレゼリク・ランゲ・グルントヴィの教師でもあった。グルントヴィを批判する勢力に対して旺盛に反論を執筆した。ルターの著作集なども編集。111

ルイ・フィリップ（Louis-Philippe I, 1773～1850）フランス国王（1830～1848）7月王政で知られる。立憲君主制をとって数々の改革を行うが、普通選挙制を求める市民、労働者による1848年の2月革命で失脚する。178

ルイ14世（Louis XIV, 1638～1715）フランス・ブルボン王朝最盛期の王で「太陽王」と呼ばれた。絶対王政を確立し、ヴェルサイユ宮殿を建設し、ブルボン王朝の絶頂期をなす。「朕は国家なり」の言葉が有名。内政ではユグノー弾圧が知られる。150、152

ルソー，ジャン=ジャック（Jean-Jacques Rousseau, 1712～1778）ジュネーヴ共和国に生まれ、フランスで活躍した哲学者・政治学者・作曲家。主著に『社会契約論』（桑原武夫、前川貞次郎訳、岩波文庫、1954年）『エミール』（今野一雄訳、岩波文庫、1962年）などがある。彼の思想は、フランス革命の思想的支柱となった。7、46、47、103、142～144

ルター，マルティン（Martin Luther, 1483～1546）宗教改革の中心人物の神学者。当時のカトリック教会の腐敗（特に贖宥状）を批判し、信仰義認説を説く。聖書中心主義、万人司祭説を主張して、今日のプロテスタントの源流となった。聖書もドイツ語訳を行い、近代ドイツ語の形成に貢献する。57、165、166

ルンビュ，ヨハン・トマス（Johan Thomas Lundbye, 1818～1848）19世紀デンマ～クの画家。風景画を得意とした。ナショナリズムにも積極的に関与し、プロイセンとの戦争に志願兵として従軍中に戦死する。138

レッツ，エスタ（Asta Reedtz, 1826～90）グルントヴィの3番目の妻。伯爵未亡人であった。15

命時に辞職。175

メラー，エリク（Erik Møller）デンマークの歴史家。父がグルントヴィ主義者として活躍。著書に『現代史家としてのグルントヴィ（Grundtvig som Samtidshistoriker)』(Gyldendal. 1950）がある。116

メラー，オーゲ（Aage Møller, 1885～1978）長年、ホイスコーレ教員として働いたあと、1921年にレンスヘズ・ホイスコーレを設立。北欧神話にもとづくホイスコーレの代表的な人物となる。112

モンテスキュー，シャルル・ルイ・ド（Charles-Louis de Montesquieu, 1689～1755）フランスの法学者。高等法院副院長などの要職を務めたあと諸国を遍歴し、法と国家を比較社会学的に把握した『法の精神』（野田良之他訳、岩波文庫、1989年）を著し、三権分立などを説いた。33

モンラズ，D・G（D.G.Monrad, 1811～1887）19世紀デンマークの政治家、神学者、監督。1849年憲法の影の構想者と言われる。のちに、プロイセンとの戦争時には首相も務めた。48、49、65

【ヤ】

ヤーン，フリードリヒ・ルードヴィヒ（Friedrich Ludvig Jahn, 1778～1852）国民意識高揚のための体操「ツルネン」を創案し、青少年教育を行う。ナポレオン支配下のベルリンで排外的なドイツ・ナショナリズムを推進する。90、164、170、171

ユング，カール・グスタフ（Carl Gustav Jung, 1875～1961）スイスの精神科医、心理学者。フロイトなどの影響を受け、集合的な無意識に基づく分析心理学を構想した。個人の無意識に基づくのではなく集団表象なども重視し、哲学、考古学、歴史学、宗教学、神話学などの成果も取り入れた。130

ヨーゼフ２世（Joseph II, 1741～1790）神聖ローマ帝国皇帝、オーストリア大公。マリア・テレジアを母とし、典型的な啓蒙君主として、農民解放や宗教寛容令など近代的な改革に努めたが、性急にすぎるとして反発を買う。モーツァルトの庇護者としても有名。180

【ラ】

ライプニッツ，ゴットフリート・ヴィルヘルム（Gottfried Wilhelm Leibniz, 1646～1716）ドイツ近代の哲学者。数学者、法律家、外交官でもあり、多様な学問にわたって成果を挙げた知的巨人。哲学的には大陸合理論に属し、デカルト、スピノザの思想を発展させ、独自のモナド論などをつくり上げる。140

ラスムッセン，アナス・フォ（Anders Fogh Rasmussen, 1953～）デンマーク自由党（ヴェンスタ）の政治家。2001～2009年、首相を務める。その他にEU議長、NATO事務総長などの要職を兼任。福祉国家デンマークに新自由主義的政策を導入した。124

ラスムッセン，イェルテ（Hjalte Rasmussen, 1940～2012）コペンハ

自ら騎兵長官として出征し、第３次マケドニア戦争でローマに人質として送られ、古代ローマで活躍。ポエニ戦争を扱った『歴史』で知られる。46

ボルビャウ，フレゼリク（Frederik Borgbjerg, 1866～1936）20世紀デンマークの政治家。社民党議員として、教育大臣などを務める。グルントヴィ主義者として若い頃から活躍し、特に演説のうまさには定評があった。112、113、115

ホルベア，ルーヴィ（Ludvig Holberg, 1684～1754）ノルウェーで生まれ、デンマークで活躍した国民的な劇作家、哲学者、法学者。フランスのモリエールに範をとった彼の戯曲は近代デンマーク・ノルウェー文学を規定したとされる。1728年のコペンハーゲン大火以降、時代の風潮と彼の風刺が合わなくなり、哲学、歴史学的な著作を書くようになる。35、36

【マ】

マイヤー，ポウル（Paul Meyer, 1916～1990）20世紀デンマークの弁護士、政治学者。オーフス大学政治学教授として行政管理論を研究。デンマーク政府の行政改革に貢献。9

マルクス，カール（Karl Marx, 1818～1883）19世紀ドイツの哲学者、経済学者、革命家。ヘーゲル哲学、イギリス政治経済学などをもとに資本主義の根本的批判を行い、唯物史観を形成する。労働運動のリーダーとなり、その後の社会主義的労働運動、社会主義革命の理論的な支柱となる。主著に『資本論』（向坂逸郎訳、岩波文庫、1969年）など。iv、89

マルグレーテ２世（Margrethe II, 1940～）現在のデンマーク女王（在位1972年～）。親しみやすい人柄で国民的人気を誇る。106

ミッテラン，フランソワ・モーリス（François Maurice Adrien Marie Mitterrand, 1916～1996）第21代フランス大統領（1981～1995）。社会党第一書記として大統領選に当選。当選後は社会福祉的な政策を進め、死刑廃止も決定する。マートリヒト条約に署名し、EU 参加を推進した。85

ミル，ジョン・スチュワート（John Stuart Mill, 1806～1873）19世紀イギリスの哲学者、経済思想家。自由主義の基本的な枠組みを述べた『自由論』（塩尻公明・木村健康訳、岩波文庫、1971年）は近代リベラリズムの古典となった。17、54

ミュラー，ヤン・ヴェルナー（Jan-Werner Müller, 1970～）現代ドイツの政治哲学者だが、アメリカのプリンストン大学教授として政治理論を担当。邦訳書に『カール・シュミットの「危険な精神」』（中道壽一訳、ミネルヴァ書房、2011年）がある。120、122

メッテルニヒ，クレメンス・ヴェンツェル・フォン（Klemens von Metternich, 1773～1859）ドイツのコブレンツ出身で、オーストリア外相、首相としてウィーン会議を主導。ナポレオン後の、反動的なウィーン体制確立に貢献したが、1848年の自由主義の革

フロイト，ジグムント（Sigmund Freud, 1856～1939）オーストリアの精神科医、精神分析の創始者。無意識やリビドーなどに基づく独自の精神分析理論を構築。「汎性欲説」は弟子たちからも批判を受け、アードラーなどの分派もできた。のちの哲学にも大きな影響を与える。130

ヘーゲル，ゲオルグ・ヴィルヘルム・フリードリヒ（Georg Wilhelm Friedrich Hegel, 1770～1831）ドイツ観念論の哲学者で近代哲学の完成者。『精神現象学』（長谷川宏訳、作品社、1998年）で自己の思想を確立し、のちには、論理学、自然哲学、精神哲学という壮大な体系を構築。特に『法の哲学』（藤野渉・赤沢正敏訳、中央公論新社、2001年）は近代ドイツの国家のあり方、マルクスなどの思想に大きな影響を与えた。17、67、68、92、119、140

ヘルダー，ヨハン・ゴットフリート・フォン（Johann Gottfried von Herder, 1744～1803）ドイツの哲学者・文学者・詩人・神学者。カントの哲学などに触発され、ドイツ古典主義文学およびドイツ・ロマン主義に多大な影響を残した。優れた言語論や歴史哲学、詩作を残し、特に歴史の各時期には固有の価値があり、また各国の発展も固有の価値があり、優劣は付けられず、相互に影響しあって発展するというその四海同胞主義はグルントヴィに影響を与えた。7、17、19、43、92

ヘニングセン，ポウル（Poul Henningsen, 1894～1967）20世紀デンマークの著名な建築家、デザイナー、批評家、詩人。彼がデザインしたランプは有名。第2次世界大戦中にナチスに抵抗するレジスタンスに参加し、抵抗詩などを書く。共産主義シンパとして社民党の生ぬるさを批判するが、晩年はソ連などの共産主義に懐疑的になる。批評家としても近代デンマークを代表する人物。117、118

ボイル，エーリング（Erling Bjøl, 1918～）20世紀デンマークの歴史学者、政治学者、ジャーナリスト。ジャーナリストとして活躍したのちオーフス大学政治学教授となり、政治評論家としても幅広く活動した。126

ホイロップ，トーマス（Thomas Højrup, 1953～）デンマークの民族学者。コペンハーゲン大学教授。随筆家としても知られる。127、128

ボーゴー、カイ（Kaj Baagø, 1926～1987）デンマークの牧師、宣教師、国際援助活動で大使にもなる。116

ホッブズ，トマス（Thomas Hobbes, 1588～1679）近代イギリスの哲学者。唯物論的立場で人間や国家を論じた。特に「万人の万人に対する戦い」から相互に恐怖をもたざるをえず、それを解決するために、自然権を主権者に全面譲渡する社会契約説にもとづいて各人の安全と財産を保証するという論理で、近代国家の構造を初めて体系的に解明した点で高い功績をもつ。主著に『リヴァイアサン』（水田洋訳、岩波文庫、1992年）などがある。34、35

ポリュビオス（Polybius, B.C.204～B.C.125）ギリシャ生まれの歴史家。

イギリスで囚人の待遇改善のための刑務所改革を進めた社会慈善家。イギリスの５ポンド紙幣に肖像が載っている。52

プラトン（Platon,B.C.427～ B.C.347）古代ギリシャの哲学者。認識論、美学、論理学などから国家論に至るまで、広範な哲学体系を構築した。著作はソクラテスが他の論客と対話するという「対話編」を基本とし、イデア論などを説く。『国家』（藤沢令夫訳、岩波文庫、1979年）、『ソクラテスの弁明』（久保努訳、岩波文庫、1964年）など。アテネ郊外に「アカデミア」を設立して弟子たちに教授。45、46

ブランデス，ゲーオア（Georg Brandes, 1842～1927）近代デンマークを代表する批評家、文学史家。ユダヤ系デンマーク人の家庭に生まれる。文学だけにとどまらず、ミルの自由主義思想にも影響を受ける。特に、ルー・ザロメなどを通してニーチェと交際し、キェルケゴールやイプセンの存在を教えた。北欧に、ニーチェを広く紹介することにも貢献。49

フリッシュ，ハルトヴィ（Hartvig Frisch, 1893～1950）20世紀デンマークの政治家、批評家。社民党に属し、機関誌などを編集。ナチスの占領期には、全体主義から民主主義を擁護する論陣を張る。1930年に出した『ヨーロッパの疫病（Pest over Europa)』はその方向を論じた代表的な作品。コペンハーゲン大学古典文献学の教授のほか、戦後は教育大臣を務める。113～115

フリードリヒ赤髭公（Friedrich I, 1122～1190）12世紀の神聖ローマ帝国皇帝。赤いヒゲをもっていたので「赤髭公（バルバロッサ)」と呼ばれた。イタリア政策に力を注ぎ、教皇と対立して何度もイタリアに攻め込み、戦争を行った。160

ブリュッヒャー，ゲープハルト・フォン（Gebhard Leberecht von Blücher, 1742～1819）プロイセンの陸軍元帥として1813年のライプツィッヒの戦いでナポレオンに勝利し、1815年には、ウェリントン公爵とともにワーテルローの戦いで再度ナポレオンに勝った。164

フレゼリク３世（Frederik III, 1609～1670）スウェーデンとの戦争で敗北し、領地を割譲したが、内政では絶対王政を確立したデンマーク王（在位1648 ～1670)。34、106

フレゼリク６世（Frederik VI, 1768～1839）（在位1808～1839）若い頃は宰相ベルンストーフとともに農地解放などの自由主義改革を行うが、対スウェーデン、対イギリス、対ナポレオンなどの戦争や交渉で敗北し、デンマークの絶対王政を弱体化し、1848年の立憲君主制革命につながる要因をつくった。40

フレゼリク７世（Frederik VII, 1808～1863）デンマークの絶対王政最後の国王（在位1848～1863)。1848年の３月革命の後、1849年の立憲君主制を認める憲法に署名し、デンマークが立憲君主国家となった。在位中、プロイセンとの戦争、スレースヴィ・ホルステン問題に忙殺された。66

ンマークの神学者、歴史学者。グルントヴィの説教を聞いたことがある。111

バン，マリー（Marie Bang, 1748～1822）グルントヴィの母。10

ハンセン, コンスタンティン（Constantin Hansen, 1804 ～1880）19世紀デンマークの文化の黄金時代を代表する画家。北欧神話にインスピレーションを受けた作品も多いが、憲法制定会議などときの政治的な場面の肖像画も描いた。100

ビスマルク，オットー・フオン（Otto von Bismark, 1815～1898）ドイツ統一時のドイツ帝国首相。「鉄血宰相」との異名をとる。プロイセン首相としてドイツ統一をめざす戦争を行い、1871年ドイツ帝国を樹立。社会主義者を弾圧しつつも社会保障体制をつくるなど、ドイツの近代化に貢献。ドイツ人に最も愛される政治家の一人。78、113

ヒトラー，アドルフ（Adolf Hitler, 1889～1945）20世紀ドイツの政治家。「ナチス（国家社会主義労働者党）」を率いて政権をとり、「総統」として独裁体制を構築する。ユダヤ人やロマ族などの抹殺政策を掲げ、絶滅収容所を建設し、ガス室などで殺害。106、113、114

ヒューム，デヴィッド（David Hume, 1711～1776）イギリス経験論の哲学者。知の起源を知覚にあるとし、因果律も慣習によるものと考えた。歴史哲学、政治哲学、倫理学の著作も残している。ルソーの世話をしたが、ルソーの性格についていけず不和に終わった。105

ビョルンソン，ビョルンステエアルネ（Bjørnstjerne Bjørnson, 1832 ～1910）近代ノルウェーを代表する作家、詩人。1903年にノーベル文学賞を受賞。イプセンらと同時代に活躍し、ノルウェー国歌の作詞者。7

フィヒテ, ヨハン・ゴットリープ（Johann Gottlieb Fichte, 1762～1814）知の究極の基礎理論である『知識学』をもとに、『自然法の基礎』『道徳論の体系』などの応用哲学を含む広大な体系を構築。ベルリンで行った連続講義『ドイツ国民に告ぐ』（早瀬明訳、『フィヒテ全集』第17巻所収、晢書房、2014年）は、近代ドイツのナショナリズムを基礎づけた。ベルリン大学初代学長も務める。シェリングと並んでグルントヴィに最も影響を与えた。17、140、164

フォウ，モーゲンス（Mogens Fog, 1904～1990）20世紀デンマークの医師、政治家。共産党員として、第2次世界大戦中、対ナチスのレジスタンス運動に参加。戦後は共産党から離れ、社会主義人民党を設立。1966～1972年にはコペンハーゲン大学学長を務め、学生運動のリーダーたちの意見を聞いて、民主的な大学改革にも成果を挙げた。117

ブリガー，リーセ（Lise Blicher, 1787～1851）グルントヴィの最初の妻。15

フライ，エリザベス（Elizabeth Fry, 1780～1845）クェーカー教徒として、

1837～1893）コペンハーゲン大学神学部を卒業して、グルントヴィとコルに直接薫陶を受け、ホイスコーレ運動のリーダーとして活躍。ヴァレキレ・ホイスコーレを設立する。130

【ナ】

ナポレオン，ボナパルト（Napoléon Bonaparte, 1769～1821）フランスの軍人、政治家。フランス革命時に政権をとり、戦争と婚姻政策でヨーロッパの大半を支配。フランスの支配を怖れたイギリス、ロシア、プロイセンなどの反抗を受け、ロシアでの大敗ののち失脚。ヨーロッパ大陸にフランス革命に基づく近代的な統治を広めた功績がある。
50、80、85、162～165

ニヴァース，イェッペ（Jeppe Nevers, 1978～）現代デンマークの歴史学者。オーゼンセの南デンマーク大学教授。
48

ネグリ，アントニオ（Antonio Negri, 1933～）現代イタリアの哲学者、社会運動家。労働運動の支援者として活動し、過激派「赤い旅団」との関係を疑われて指名手配され、フランスに亡命。パリの大学などで教鞭をとっていたが、イタリアに戻り刑期を満了。主著に『野生のアノマリー』（杉村昌昭他訳、作品社、2008年）、ハートとの共著に『帝国』（水嶋一憲他訳、以文社、2003年）、『マルティチュード』（幾島幸子訳、NHK ブックス、2005年）などがある。
119、121

ノアゴー，アナス（Anders Nørgaard, 1879～1943）牧師。グルントヴィ派の説教師として全国で講演をして回る。グルントヴィ主義についての書物も書いている。112

【ハ】

ハイデガー，マルティン（Martin Heiddeger, 1889～1976）20世紀最大のドイツの哲学者。現象学から出発し、独自の存在論を展開して、伝統的な形而上学を批判する。フライブルク大学学長となってナチス擁護の就任演説をした。『存在と時間』（熊野純彦訳、岩波文庫、2013年）などがある。114

ハート，マイケル（Michael Hardt, 1960～）現代アメリカの批評家。デューク大学准教授。アントニオ・ネグリと一緒に現代社会を批判的に考察し、マルティチュードの運動に可能性を見る大著を刊行している。ネグリとの共著に『帝国』（水嶋一憲他訳、以文社、2003年）『マルティチュード』（幾島幸子訳、NHK ブックス、2005年）などがある。
119、121

ハーバマス，ユルゲン（Jürgen Habermas, 1929～）現代ドイツを代表する哲学者、社会学者。フランクフルト学派の第２世代になり、普遍的言語行為論をもとに討議倫理を説く。『事実性と妥当性』（河上倫逸、耳野健二訳、未来社、2002～2003年）などを発表した。主著に『コミュニケーション的行為の理論』（河上倫逸他訳、未来社、1985～1986年）など。iv、8、45、76

ハメリク，フレゼリク（Frederik Hammerich, 1809～1877）19世紀デ

2000年）で有名。『道徳感情論』（水田洋訳、岩波文庫、2003年）など、倫理学の古典も残している。17

セーレンセン, アルネ（Arne Sørensen, 1906～1978）20世紀デンマークの政治家、作家。1936年に自由主義、共産主義、ナチズムを拒否してキリスト教社会主義に基づくデンマーク統一党を結成。ナチスの占領時代はナチズムの影響を受ける。112

ソクラテス（Sokrates. B.C.469～ B.C. 399）古代ギリシャ、アテネの哲学者。若者達との問答法により「知とは何か」などを追求。「魂の配慮」「よく生きること」を説き、自然現象を解明するよりも内面の倫理的問題に関心を集中。こうした姿勢により市民の告発で裁判となり、死刑判決を受けて毒杯を仰ぐ。書物は残さず、弟子プラトンのソクラテスを主人公とした対話編で思想の一部が分かる。『ソクラテスの弁明』（納富信留、光文社古典新訳文庫、2012年）などがある。46

ソロン（Solon, B.C.639～ B.C.559）古代アテネの政治家。僭主の暗躍などで腐敗、堕落したアテネの政治を、法律をもとにした改革（ソロンの改革）によって建て直した。44

【タ】

タゴール, ラビンドラナート（Rabindranath Tagore, 1861～1941）インドを代表する詩人、思想家。1913年ノーベル文学賞受賞。インドの独立運動を支持し、学園アーシュラムを設立するなど教育にも熱心だった。インド国歌、バングラデシュ国歌の作詞者でもある。7

タニング, カイ（Kaj Thaning, 1938～1973）デンマークの神学者。グルントヴィについての浩瀚な研究『人間が第一――グルントヴィの自己との対決（Menneske først —. Grundtvigs opgør med sig selv)』（1963年）で知られる。9、68、116、124

チェアニング, アントン・フレデリク（Anton Frederik Tscherning, 1795～1874）19世紀デンマークの政治家、対プロセインの戦争時に大臣も務める。1849年の憲法制定会議メンバーとして活躍、徹底したリベラリストの立場でグルントヴィとも協力した。95

ティエール, アドルフ（Louis Adolphe Thiers, 1797～1877）第９章の原注（５）を参照。1830年の７月革命の後、首相となる。1848年の２月革命ではナポレオン３世を立てて政権をとるが、ナポレオン３世に追われて失脚。ナポレオン３世が倒れてのち第三共和国大統領となるが、パリ・コミューンを弾圧した。歴史家としても評価は高い。151

トフト, マリー（Marie Toft, 1813～1854）グルントヴィの２番目の妻。15

ドラクロワ, ウジェーヌ（（Ferdinand Victor Eugène Delacroix, 1798～1863）19世紀フランスのロマン主義の画家。『民衆を導く自由の女神』などが有名。4

トリーア, エルンスト（Ernst Trier,

リーニのファシズムを哲学的に基礎づけようとしてクローチェと袂を分かつ。のち、共産主義のパルチザンにより暗殺。122

シューマッカー，ペーダー（Peder Schumacher, 1635～1699）デンマークの政治家。絶対王政のフレゼリク３世のもとで官房長を務め、国王世襲法を起草するなど基礎を固める。のちに反逆罪で獄中に送られた。34

シュミット，カール（Carl Schmitt, 1888～1985）ドイツの法学者、政治学者。近代自由主義を批判し、独自の政治神学に立つ決断主義的な政治思想を呈示した。主著に、『大地のノモス』（新田邦夫訳、慈学社、2007年）など。iv

シュリュター，ポウル（Poul Schlüter, 1929～）1982年から1993年にわたりデンマーク首相を務める。社民党で弁護士だった。在任時には緊縮財政政策をとり、経済を建て直した。85

ショウ，J・F（Joakim Frederik Schouw, 1789～1852）19世紀デンマークの弁護士、植物地理学者、政治家。植物地理学を研究し、大きな成果を挙げた。1848年の革命、1849年の憲法制定にもかかわり、スレースヴィ・ホルステン問題でも活躍した。65

ショルテン，ペーター・フォン（Peter von Scholten, 1784～1854）19世紀デンマークの軍人。1827～1848年にデンマーク領西インド諸島の総督を務めたが、元々は奴隷解放論者だった。66

スタウニング，トアヴァルト（Thorvald Stauning, 1873～1942）デンマーク最初の社民党政権の首相。社会福祉などの改革に努め、今日のデンマークのあり方の基礎をつくった。首相時代には世界最初の女性閣僚を任命し、ナチス・ドイツに占領された1940年には挙国一致内閣を組織した。114、115

スティーセン＝リト，コンスタンス（Constance Steensen-Leth）ランゲラン島の荘園領主の妻。グルントヴィが息子カールの家庭教師をして、密かに恋い焦がれた相手。10

ステフェンス，ヘンリク（Henrik Steffens, 1773～1845）ノルウェー生まれのデンマークの哲学者、科学者、詩人。シェリング哲学に影響を受け、彼の協力者として活躍。1902年のコペンハーゲンでの九つの講義（グルントヴィも参加）で、ドイツ・ロマン主義をデンマークに紹介した。グルントヴィとは親戚。ベルリンなどドイツの大学でも教鞭をとる。164

ストゥルザ，アレキサンデル（Alxandru Strudza, 1791～1854）ルーマニアのモルダヴィア地方出身で、ロシアで外交官として活躍。アレキサンドル皇帝を助けて、神聖同盟の結成などに貢献。ウィーン条約の草案を書き、「キリスト教の博愛が政治の領域に導入される」ことを表すと主張。168～170

スミス，アダム（Adam Smith, 1723～1790）スコットランドの哲学者、経済学者。自由主義市場経済を分析した『国富論』（水田洋訳、岩波文庫、

コック，ハル（Hal Koch, 1904～1963）コペンハーゲン大学神学部教授。グルントヴィに関する連続講義を1940年に行い、ナチス占領下で非暴力の精神的抵抗運動のリーダー。戦後は民主主義の哲学を青少年に説き、ホイスコーレ校長となるなどホイスコーレ運動に貢献。主著に『グルントヴィ』（小池直人訳、風媒社、2007年）などがある。9、69、117

コッツェブー，アウグスト（August Friedrich Ferdinad Kotzebue, 1761～1819）ドイツの劇作家。ロシアとドイツの領事としても働く。戯曲はヨーロッパの各地の劇場で上演された。ドイツの学生組合を革命の温床として攻撃し、自由主義の国民運動を嘲笑したので学生達には嫌われていた。169、170

ゴールドシュミット，マイア（Meir Goldschmidt, 1819～1887）19世紀デンマークの作家、ジャーナリスト。ユダヤ系デンマーク人であった。批評紙〈コルセア〉を発刊し、キェルケゴール風刺でコペンハーゲンの言論界では有名になる。デンマークの近代ジャーナリズムの先駆者として評価されている。84、85

【サ】

サイプ，イェンス・アロップ（Jens Arup Seip, 1905～1992）ノルウェーの歴史家。中世を専門としたが、1800年代のノルウェーの政治史の権威となる。38

サッチャー，マーガレット（Margaret Thatcher, 1925～2013）イギリス初めての女性首相（1979～1990）。イギリスの社会福祉や各種規制を廃して新自由主義的な政策を進め、財政改革をする。「鉄の女」と異名をとる。85

ザント，カール（Karl Ludwig Sand, 1795～1820）イエナ大学のブルッシェンシャフト（学生組合）のメンバーとして活動。マンハイムでコッツェブー殺害により、1820年処刑される。その後、ドイツの国民主義運動のなかで英雄視された。169

シィエス，エマニュエル・ジョセフ（Emmanuel-Joseph Sieyès, 1748～1836）フランス革命時の政治家、聖職者。ナポレオンと協力して統領政府を樹立して統領となるが、失脚する。「革命のモグラ」とあだ名を付けられた。1789年に『第三身分とは何か』（稲本洋之助他訳、岩波文庫、2011年）を著し、フランス革命の理論的な根拠となる。人民主権論の展開は後世にも影響を与えた。150

シェリング，フリードリヒ・ヴィルヘルム（Friedrich Wilhelm Joseph Schelling, 1775～1854）ドイツ観念論哲学者。ヘーゲル、ヘルダーリンと友人で、フィヒテの弟子として出発するが、自然哲学、同一哲学の立場からフィヒテを批判。ヘーゲル哲学が隆盛を極めたころ、独自に存在や人間の自由を考察し、ヘーゲル哲学を乗り越える思索を行う。140

ジェンティーレ，ジョヴァンニ（Giovanni Gentile, 1875～1944）20世紀イタリアの哲学者。クローチェの友人として、ネオ・ヘーゲル主義の思想に立ち「能動的観念論」を提唱。ムッソ教徒の組織の長となる。52

キケロ, マルクス・トゥリウス（Marcus Tullius Cicero, B.C.106～B.C.43）共和政ローマ期の政治家、哲学者。執政官などを務め、元老院派として活躍。カエサル暗殺後の政変にも荷担。ラテン語の著述家としても知られ、弁論、演説はラテン語の規範的な文章とされている。『国家論』『法律』など、プラトン、アリストテレスに基づく政治学的な著作も、キケロを媒介として中世ヨーロッパに大きな影響を与えた。46

キェルケゴール, セーレン（Søren Kierkegaard, 1813～1855）19世紀デンマークの哲学者。ヘーゲル哲学に学ぶが、思弁的合理主義に反対して、「単独者」としての個人の実存に根ざす、独自の実存哲学を構築する。グルントヴィとは知り合いで、グルントヴィ主義者の運動を大衆社会の典型として著書でも批判している。『死にいたる病』（桝田啓三郎訳、筑摩学芸文庫、1996年）などがある。124

ギゾー, フランソワ（François Guizot, 1787～1874）フランスの政治家、歴史家で、7月革命で内相となり、ルイ・フィリップ1世の統治下に文部大臣を務め、のちには首相。2月革命が起きるとベルギーに逃亡。歴史家としては、フランス近代史学の出発点として評価されている。178

クラウセン, H・N（H・N・Clausen, 1793～1877）デンマークの神学者、政治家。ドイツのシュライエルマッハーの自由神学を学び、コペンハーゲン大学教授として神学を教えるが、グルントヴィの激しい批判の対象となる。のちにナショナル・リベラルの議員としても活躍。12、65

グリム, ヤーコブ（Jakob Grimm, 1785～1863）19世紀ドイツの言語学者、民俗学者。弟のヴィルヘルムとともにドイツの民間伝承を採集し、『グリム童話』として発表。自由主義に立ち、フランクフルト国民議会議員なども務める。『ドイツ語辞典』の編集者としても知られる。82

グルントヴィ, ヨハン（Johan Grundtvig, 1734～1813）グルントヴィの父。教区牧師を務める。10

ゲレス, ジョゼフ・フォン（JohannJoseph von Görres, 1776～1848）19世紀ドイツの政治評論家、文学史家。ロマン派の批評家として活躍するが、対ナポレオン戦争時に〈ライン・メルクーア〉紙」創設して、反ナポレオンの風潮を盛り上げた。その後、カールスバート決議を批判するなどの自由主義の論陣を張る。のちに、ミュンヘン大学教授として歴史を教えた。167、171

ゴッス, エドマンド（Edmund Gosse, 1849～1928）イギリスの詩人、批評家。初期の批評活動は北欧文学に向かい、アンデルセンと会い、イプセンをイギリスに紹介するなどした。188

コック, ヘニング（Henning Koch, 1949～）コペンハーゲン大学法学部教授。憲法を専門とする。107

学の哲学教授などを歴任。新カント派からスタートして、後年は論理実証主義の立場に立つが、マルクス主義者でもあって毛沢東主義に共感を示していた。117

ヴァルデマー大王（Valdemar I. den Store, 1131～1182）デンマーク２人目の国王。共同統治だったが、他の王を殺害して単独統治を行った。ロスキレ司教のアブサロンを政治顧問として拡張政策をとり、後世「大王」と呼ばれた。対外的には、神聖ローマ帝国皇帝フリードリヒ１世に臣従を誓うようにさせられた。160

ヴィーコ，ジャンバティスタ（Giambattista Vico, 1668～1744）イタリアの哲学者。数学や物理学を基礎とした合理的なデカルト哲学に反対して、歴史や修辞学に立つ人文知、芸術的構想力の論理を主張。『新しい学１～３』（上村忠男、法政大学出版局、2007～2008年）などがある。43、44

ヴィデ，スカルム（Skjalm Hvide, 1040?～1113）11世紀に活躍した有名なヴァイキングの族長。1100年頃、イェルン（Jærlund）に教会を建てたと言われる。10

ヴォルフ，クリスチャン（Christian Wolff, 1679～1754）ドイツ啓蒙時代の哲学者。ライプニッツの思想をもとに体系化し、ライプニッツ・ヴォルフ哲学と称される。近年、フリーメイソンでもあったヴォルフがプロイセン王の啓蒙主義的な政策に与えた影響が再評価されている。140

内村鑑三（1861～1930）日本のキリスト教思想家・文学者・伝道者。福音主義信仰と時事社会批判に基づく日本独自の無教会主義を唱えた。i、ii

エスタゴー，ウフェ（Uffe Østergarrd, 1945～）現代デンマークの歴史学者。ヨーロッパ史を専門とする。オーフス大学教授。91

エンゲルストフト，ラウリッズ（Laurids Engelstoft 1774～1851）19世紀デンマークの歴史学者。フランス革命の国民国家論に影響を受け、言語や国民感情による国民形成を説いた。高等教育にも大きな貢献をした。28、29

【カ】

カール・グスタウ（Karl X Gustav, 1622～1660）17世紀スウェーデン王。名君グスタウ２世アドルフ王を受け継いでポーランドやデンマークなどと戦争をし、スウェーデンの絶対王政を強化する。149

カント，イマニュエル（Immanuel Kant, 1724～1804）近代ドイツの最も著名な哲学者。形而上学批判に立つ批判哲学を構築。倫理学、美学、法哲学などでも大きな成果を挙げる。『純粋理性批判』（石川文康訳、筑摩書房、2014年）、『実践理性批判』（波多野精一他訳、岩波文庫、1979年）、『判断力批判』（篠田英雄訳、岩波文庫、1964年）などがある。119、140

ガーニー，ジョゼフ（Joseph Gurney, 1788～1847）エリザベス・フライの弟で銀行家。イギリスのクェーカー

本書に掲載されている人物一覧

（＊邦訳した原書部分に限る）

【ア】

アガンベン，ジョルジオ（Giorgio Agamben, 1942～）現代イタリアの哲学者。ヴェローナ大学、ヴェネツィア建築大学教授を歴任。美学研究から出発して政治哲学に移行。現代のフーコーやポスト・モダン思想の成果のもとに現代社会の生政治を考察。『ホモ・サケル』（高桑和巳、以文社、2007年）などがある。
119、120

アウケン, スヴェン（Sven Auken, 1943～2009）デンマーク社民党の政治家。1987～1992年、社民党の委員長。国会議員、労働大臣、環境大臣などを歴任したほか、オルボー大学教授も務めた。123～125

アナセン，ポウル（Poul Andersen, 1888～1977）デンマークの法学者、コペンハーゲン大学の行政法の教授を務める。『議会議員としてのグルントヴィ（Grundtvig som Rigsdagsmand）』（1940年）という著作がある。
117、118

アリストテレス（Aristoteles, B.C.384～ B.C.322）古代ギリシャの哲学者。論理学、形而上学、自然学、動物学、倫理学、政治学、修辞論など多岐にわたる思索を行い、「万学の祖」と言われる。現在残る著作は自分の学校「リュケイオン」で講義したものとされる。アレキサンダー大王の家庭教師をしたことでも有名。46

アーレント，ハンナ（Hannah Arendt, 1906～1975）ドイツ系ユダヤ人で第２次世界大戦中にアメリカに亡命。『全体主義の起源』（大久保和郎訳、みすず書房、1972～1974年）など、全体主義批判や公共性の議論で知られる20世紀を代表する政治哲学者。ドイツではハイデガー、ヤスパースに師事し、ハイデガーの愛人であったことでも知られる。iv、8

アレキサンドル皇帝（Aleksandr I, 1777～1825）第10代ロシア皇帝。ナポレオン失脚後のウィーン会議で反動体制の確立のために活躍。神聖同盟を結成し、君主制に反対する自由主義、国民主義運動を弾圧した。169

アンダーソン，ベネディクト（Benedict Anderse, 1936～）現代アメリカの政治学者。『想像の共同体』（白石隆他訳、書籍工房早山、2007年）で言語中心主義ナショナリズムを分析し、ナショナリズム意識が出版、教育などを通していかに形成されるかを説き、ナショナリズム研究、ネーション研究の第一人者となる。41

イェルゲンセン，イェルゲン（Jørgen Jørgensen, 1894～1969）20世紀デンマークの哲学者。コペンハーゲン大

訳者・解説者紹介

清水　満（しみず・みつる）

1955年、対馬に生まれ育つ。

1991年、九州大学大学院文学研究科博士課程単位取得退学。2012年、北九州市立大学社会システム研究科博士課程早期修了。博士（学術）。専攻はドイツ思想。

予備校、大学の非常勤講師を務めながら、デンマークのホイスコーレ運動にヒントを得た教育市民運動ネットワーク「日本グルントヴィ協会」の幹事をしている。日本各地、デンマーク、タイ、ラダック（インド領チベット）などで各種ワークショップを主催。

著書に、『新版・生のための学校』（新評論、1996年）、『共感する心、表現する身体』（新評論、1997年）、『表現芸術の世界』（小松和彦氏、松本健義氏との共著、萌文書林、2010年、『フィヒテの社会哲学』（九州大学出版会、2013年、2014年度フィヒテ賞受賞）。

訳書に、クリステン・コル『コルの「子どもの学校」論』（新評論、2007年）、ハインリヒ・マイアー『政治神学か、政治哲学か、カール・シュミットの通奏低音』（中道壽一氏との共訳、風行社、2015年）などがある。


政治思想家としてのグルントヴィ　（検印廃止）

2016年1月25日　初版第1刷発行

訳・解説　清　水　　満
発 行 者　武　市　一　幸

発行所　株式会社　新　評　論

〒169-0051
東京都新宿区西早稲田3-16-28
http://www.shinhyoron.co.jp

電話　03(3202)7391
FAX　03(3202)5832
振替・00160-1-113487

落丁・乱丁はお取り替えします。

定価はカバーに表示してあります。

印刷　フォレスト
製本　中永製本所
装丁　山田英春

Printed in Japan
ISBN978-4-7948-1027-4

新評論　好評既刊　デンマークを知るための本

清水　満

共感する心、表現する身体

美的経験を大切に

知育重視の教育を超えて！子どもの表現を育む「生き方の教育」。

［四六並製　264頁　2200円　ISBN4-7948-0292-7］　柳田茂樹氏推薦

吉田右子

デンマークのにぎやかな公共図書館

平等・共有・セルフヘルプを実現する場所

平等・共有・セルフヘルプの社会理念に支えられた北欧の豊かな“公共図書館文化”を余すところなく紹介！

[四六上製　268頁+カラー口絵4頁　2400円　ISBN978-4-7948-0849-3]

スティーヴン・ボーリシュ／難波克彰 監修・福井信子 監訳

生者の国

デンマークに学ぶ全員参加の社会

「知識は力なり」―デンマークを徹底解剖する画期的文化論！
民主性を愛した故井上ひさし氏の魂に捧ぐ。

[A5並製　528頁　5000円　ISBN978-4-7948-0874-5]

松岡洋子

デンマークの高齢者福祉と地域居住

最期まで住み切る住宅力・ケア力・地域力

ケアの軸を「施設」から「地域」へ！「地域居住継続」の先進事例。

［四六上製　３８４頁　3200円　ISBN4-7948-0676-0］

松岡洋子

エイジング・イン・プレイス（地域居住）と高齢者住宅

日本とデンマークの実証的比較研究

北欧・欧米の豊富な事例をもとに，「地域居住」の課題を掘り下げる。

［Ａ５上製　３６０頁　3500円　ISBN978-4-7948-0850-9］

表示価格は本体価格（税抜）です。

新評論　好評既刊　デンマークを知るための本

清水 満 編

［改訂新版］

生のための学校

デンマークで生まれたフリースクール

「フォルケホイスコーレ」の世界

教育を通じた社会の変革に挑むデンマークの先進的取り組み。

［四六並製　３３６頁　２５００円

ISBN4-7948-0334-6］

クリステン・コル／清水 満 編訳

コルの「子どもの学校論」

デンマークのオルタナティヴ教育の創始者

デンマーク教育の礎を築いた教育家の思想と実践。本邦初訳！

［四六並製　２６４頁　２０００円

ISBN978-4-7948-0754-0］

表示価格は本体価格（税抜）です。